마이크로소프트 사의 회장 빌 게이츠는
'PC 소프트웨어의 황제', '세계 최고의 갑부' 등으로
불리며 현대 컴퓨터 산업을 상징하는 인물입니다.
컴퓨터로 끊임없는 기적과 신화를 창조한 빌 게이츠는
성공을 꿈꾸는 사람들이 되고 싶어하는 대표적인 모델이지요.
빌 게이츠의 생애를 따라가다 보면 컴퓨터의 놀라운 세계와
미래의 환상적인 정보사회까지 만날 수 있을 거예요.

추천 감수 김완기

- 한국아동문학회 중앙위원장, 한국아동문학연구회 수석부회장,
  국제펜 · 한국문인협회 · 한국저작권협회 회원.
- 초등학교 국어 교과서 집필 · 심의위원, 서울서래초등학교 교장 역임.
- 서울신문 신춘문예 동시 당선.
- 한국아동문학작가상, 한정동아동문학상, 대한민국동요대상 등 수상.
- 동화집 〈내 배꼽이 더 크단 말야〉 등 여러 권,
  동시집 〈엄마, 이게 행복인가 봐〉,
  이야기책 〈마음이 따뜻한 101가지 이야기〉 등 다수의 어린이 책을 썼습니다.

추천 감수 이창수

- 한국문인협회 아동문학분과 회장, 한국아동문예작가회 명예회장,
  한국아동문학회 부회장, 국제펜 회원.
- 어린이 전문 출판사의 편집장, 주간 등 역임.
- 한국아동문예작품상, 한국아동문예상, 한국아동문학작가상, 김영일아동문학상 수상.
- 〈파란 꿈을 먹은 아이들〉, 〈따뜻한 남쪽 나라〉, 〈공포의 진주 동굴〉, 〈우주 여행〉, 〈구조대원 곰돌이〉,
  〈화성인과 아기 도깨비〉, 〈백두산에서 감나무골까지〉, 〈바닷속 동굴에서 만난 사람〉, 〈정수가 위험해〉 등
  200여 권의 어린이 책을 썼습니다.

추천 감수 송명호

- 한국아동문학회 회장, 한국문인협회 상임이사,
  국제펜클럽 한국본부 이사.
- 제1회 문화공보부 5월 예술상, 제1회 소년한국 문학상,
  소천아동문학상, 한국문학상, 대한민국문학상, 국제펜문학상 수상.
- 동시집 〈다섯 계절의 노래〉, 동화집 〈명견들의 행진〉,
  영화 시나리오 〈소만 국경〉, 방송극 〈개벽〉,
  장편 아동 소설집 〈전쟁과 소년〉(전5권), 〈똥딴지 독도 탐방대〉,
  동극집 〈어린이 살롱 드라마〉와 〈한국 · 세계 위인 전기〉(전집) 등을 썼습니다.

추천 감수 이상현

- 한국문인협회 이사, 국제펜클럽 한국본부 감사, 한국아동문학회 수석부회장.
- 조선일보 기자, 서울 교통방송 편성국장, 숙명여대 및 인하대 강사 역임.
- 1962년 경향신문 신춘문예에 동시 당선.
- 1979년 〈현대 시학〉 시 추천 완료.
- 한국문학상, 국제펜문학상, 세종아동문학상, 소천아동문학상, 김영일아동문학상, 한국동시문학상 등 수상.
- 동시집 〈햇빛마을 가는 길〉, 동화집 〈짝꿍〉 등 다수의 어린이 책을 썼습니다.

글 장영주

- 1956년 제주에서 태어남.
- 영남대학교 교육대학원 졸업.
- 국제펜클럽 · 색동회 회원, 한국아동문학회 중앙이사 · 제주지회장, 녹색문학회 감사,
  어린이위하는모임 · 한국아동문학연구회 운영위원, 전국민책읽기운동 선도요원,
  대학교평생교육원 · 환경교육홍보단 강사.
- 월간문학 신인작품상, 한국아동문학연구회 신인작품상, 한국아동문학작가상,
  독서대상, 녹색문학상, 색동회 동화구연대회상 수상.
- 독서 · 논술 · 인성 · 창의 · 글쓰기 지도서와 소설, 동화집, 전문서 등을 다수 집필했습니다.

그림 임경섭

- 광고, 기업 웹 사이트 등 다양한 매체의 디자인 작업.
- 개인, 그룹 기획 미술 전시회 다수 참여.
- 현재 mqpm 일러스트 매니지먼트에 소속되어 활동 중이며,
  어린이 책과 다양한 매체에 그림을 그리고 있습니다.

■ 〈교과서 큰 인물 이야기〉는 한국아동문학회 회원 550여 분의 문인
선생님들께서 '어린이들에게 바람직한 인성과 가치관을 길러 주며,
쉽고 친절한 문장과 알찬 지식으로 어린이들의 독서 활동에 유익한
도움을 주는 책'으로 추천해 주셔서 한국아동문학회 출판문화대상
을 수상했습니다.

교과서 큰 인물 이야기 77 빌 게이츠

펴낸이 박연환 | **펴낸곳** (주)한국헤르만헤세 | **출판등록** 제17-354호 | **본사** 경기도 성남시 분당구 금곡동 444-148 한국헤르만헤세 빌딩 | **대표전화** (031)715-7722 | **팩스** (031)786-1100 |
고객문의 080-715-7722 | **편집 책임** 김원선 | **디자인** 장선희, 김영주, 전선아 | **교정** 양은하, 이효선 | **교정 진행** 김진형, 정현희, 김승현, 허영란 | **이미지 제공** 연합포토, 엔싸이버 포토렌탈, 이미지클릭, 국립
중앙박물관 | ⓒ Korea Hermannhesse | 이 책의 저작권은 (주)한국헤르만헤세가 소유하고 있으므로 본사의 동의나 허락 없이 내용이나 그림을 어떠한 방법으로도 사용할 수 없습니다.

주의 본 교재를 던지거나 떨어뜨리지 않도록 주의하십시오. 다칠 우려가 있습니다. 고온 다습한 장소나 직사광선이 닿는 장소에는 보관을 피해 주십시오.

빌 게이츠
Bill Gates

글 장영주 | 그림 임경섭

한국헤르만헤세

컴퓨터 프로그램으로 억만장자가 된 '컴퓨터의 황제'

여러분은 컴퓨터를 좋아하세요? 컴퓨터로는 주로 무엇을 하나요? 게임? 채팅? 정보 검색? 프로그래밍? 여러분은 언제나 새롭고 재미있는 일을 좋아하고 미래를 향해 상상의 나래를 펴는 그런 세대이지요.

이 책의 주인공은 컴퓨터에 미쳤던 빌 게이츠랍니다. 그는 어렸을 때 테니스를 잘 쳤어요. 한 번 잡은 라켓은 해가 저물고 달이 떠야 손에서 놓을 정도로 집착력이 대단히 강했지요.

어느 날, 어머니는 빌 게이츠의 방에 들어갔다가 기절할 뻔했어요. 방이 난장판이었거든요. 책과 옷이 사방에 널려 있었고, 음악 소리는 어찌나 큰지 침대가 들썩거릴 정도였답니다.

"트레이, 이게 도대체 뭐니? 당장 치우고 저녁 먹으렴!"

어머니는 빌 게이츠를 나무랐어요. 아! 트레이요? 트레이는 빌 게이츠의 어릴 적 별명이랍니다. 그래요, 빌 게이츠는 이렇게 장난이 심하고 막무가내로 날뛰는 철없는 아이였어요. 그렇게 기계를 부수고 싸움대장이던 빌 게이츠였지만 공부에는 최선을 다했답니다. 특히 수학과 과학에서는 빌 게이츠를 따라갈 아이가 아무도 없었어요. 그리고 한번 관심을 가진 것은 끝을 볼 때까지 끈질기게 해냈지요.

여러분도 자신이 무엇을 좋아하는지 생각해 보세요. 그리고 빌 게이츠처럼 자신이 좋아하는 분야에서 최고가 될 수 있도록 열심히 노력해 봐요.

이 책에는 컴퓨터 용어가 많이 나와서 읽는 데 좀 어려울지도 몰라요. 하지만 끝까지 읽어 보면 손가락 하나로 전세계를 정복하려는 꿈이 이루어질 수도 있다는 자신감이 생길 거예요.

글쓴이 장 영 주

빌 게이츠

목숨을 걸 만한 것을 찾은 아이

마이크로소프트 사의 빌 게이츠가 마운틴휘트니 고등학교를 방문해서, 사회에 첫발을 내디디려 하는 학생들에게 해 주었던 열 가지 조언*은 매우 유명하답니다.

첫째, 인생이란 원래 공평하지 못하다. 그런 현실에 대해 불평하지 말고 자신의 것으로 받아들여라.

둘째, 네 자신이 어떻게 생각하든 세상은 상관하지 않는다. 세상이 너희들한테 기대하는 것은 네가 스스로 만족스럽다고 느끼기보다 무엇인가를 성취해서 보여 주는 것이다.

셋째, 대학 교육을 받지 않고 연봉이 4만 달러가 될 것이라고는 상상도 하지 말라.

넷째, 학교 선생님이 까다롭다고 생각되거든 사회로 나와서 직장 상사의 진짜 까다로운 맛을 한번 느껴 봐라.

다섯째, 햄버거 가게에서 일하는 것을 수치스럽*게 생각하지 마라. 너희 할아버지는 그 일을 인생의 기회라고 생각했다.

여섯째, 네 인생을 네가 망치고 있으면서 부모 탓을 하지 마라. 불평만 일삼을 것이 아니라 잘못한 것에서 교훈을 얻어라.

일곱째, 학교는 승자나 패자를 뚜렷이 가리지 않을지 모른다. 어떤 학교에서는 낙제* 제도를 아예 없애고 쉽게 가르치고 있다는 것을 잘 안다. 그러나 사회 현실은 이와 다르다는 것을 명심하라.

여덟째, 인생은 학기처럼 구분되어 있지도 않고, 여름방학이란 것은 아예 있지도 않다. 네가 스스로 알아서 하지 않으면 직장에서는 가르쳐 주지 않는다.

아홉째, TV는 현실이 아니다. 현실에서는 커피를 마셨으면 일을 시작하는 것이 옳다.

열번째, 공부밖에 할 줄 모르는 바보한테 잘 보여라. 사회에 나온 다음에는 아마 그 바보 밑에서 일하게 될지도 모른다. 사람은 자신이 목숨을 걸 만한 것을 찾지 못하면 죽게 된다.

▲ 빌 게이츠.

*수치스럽다
부끄러운 느낌이 있다.

*낙제
성적이 일정한 수준에 미치지 못하여 진학이나 진급을 하지 못하고 그대로 남아 있게 되는 일.

어때요? 지킬 수 있는 조언인가요? 인생의 승리자는 남의 충고를 귀담아듣고 자신의 실수를 최대한 줄일 줄 아는 사람이래요. 성공한 사람의 조언을 마음에 새기고 지키려 노력한다면 제2의 빌 게이츠가 탄생할 수도 있겠지요.

워싱턴 주 시애틀에 있는 학교. 1919년 프랭크 모란이 워싱턴 호 호반에 설립한 전통을 가진 명문학교예요.

1967년, 시애틀의 레이크사이드 초등학교＊에 한 남자 아이가 전학을 왔어요.

"여러분, 새로 전학 온 친구를 소개하겠어요."

"안녕, 내 이름은 빌 게이츠야. 난 수학을 아주 잘해. 앞으로 잘 지내 보자."

전학 온 첫날, 빌 게이츠는 친구들에게 인사했어요.

쉬는 시간이 되자 반 친구들이 쑥덕거렸어요.

"흥, 저놈이 수학을 잘한다고 잘난 척하던데, 우리 시험해 보자."

그러고는 모두들 잔뜩 벼르는 표정으로 빌 게이츠의 주위에 몰려들었어요.

"자, 이 문제 풀어 봐!"

하지만 빌 게이츠는 친구들의 기대와 달리 수학 문제를 눈 깜짝할 사이에 풀어 버렸어요.

"아니, 이럴 수가! 이 문제는 우리 수학 선생님도 풀지 못했던 문젠데……."

그 후로 반 아이들은 빌 게이츠의 수학 실력을 인정하게 되었답니다.

빌 게이츠는 짝꿍 켄트와 단짝이 되어 늘 함께 붙어 다녔어요. 두 사람이 주로 드나들던 곳은 컴퓨터실이었지요. 물론 두 사람은 누가 먼저 달에 착륙하는지 시합하는 게임에 한창 빠져 있었어요.

게임이 막바지에 이르렀을 때, 등 뒤에서 누군가의 목소리가 들렸어요.

▲어릴 때의 빌 게이츠와 어머니.
빌 게이츠의 본명은 윌리엄 헨리 게이츠예요.

"어쭈 제법인데. 너, 나랑 한판 붙어 보자."

2년 선배인 폴 앨런*이었어요. 폴 앨런은 빌 게이츠의 게임 실력
이 만만치 않은 걸 보고 도전장을 냈어요. 빌 게이츠와 폴 앨런은
열 번 게임을 했는데 5대 5로 무승부였지요.

"너, 대단하구나. 맘에 들었어. 우리 집에 같이 가자."

폴 앨런의 집을 방문한 빌 게이츠는 폴 앨런의 집에 가득 차 있는
책들을 보고 깜짝 놀랐어요. 폴 앨런의 아버지는 워싱턴 대학 도서
관 부관장이었거든요.

'내가 너무 잘난 척했어. 그래, 바로 이거야.'

빌 게이츠는 많은 책들을 바라보며 세상엔 자신이 모르는 것들이
참 많다는 걸 새삼 깨닫게 되었어요. 그리곤 더 열심히 공부해야겠
다고 결심했답니다. 특히 어른이 되었을 때를 대비해서 경영학*을
공부해야겠다고 다짐했지요.

빌 게이츠는 폴 앨런이라는 친구를 만나 이렇게 새로운 세계에
눈을 돌리고 있었어요. 훗날 소프트웨어* 업계 중 가장 부자인 마이
크로소프트 사*를 탄생시킨 두 사람은 이렇게 만났던 거랍니다.

* 폴 앨런
1975년 빌 게이츠와 마이크로소프트 사를
공동 설립. 1983년까지 부사장을 지냈어요.
현재 마이크로소프트 사의 대주주이자 이
사로 있어요.

* 경영학
기업을 조직하고 관리, 운영하는 방법을 연
구하는 학문.

* 소프트웨어
컴퓨터에서 기계 부분인 하드웨어를 움직
이는 기술. 프로그램을 통틀어 이르는 말.

* 마이크로소프트 사
1975년 빌 게이츠와 폴 앨런이 설립한 미국
의 소프트웨어 개발 전문 회사예요.

빌 게이츠는 워싱턴 주 시애틀에서 변호사인 아버지와 사회봉사자인 어머니 사이에서 태어났어요. 어머니는 장난이 심했던 아들을 레이크사이드 초등학교로 전학시키기로 결정했답니다. 빌 게이츠는 전학 간 레이크사이드 초등학교에서 비로소 자신의 인생을 결정지은 컴퓨터를 알게 되었던 거예요.

빌 게이츠가 열세 살이었을 때, 컴퓨터는 속도가 매우 느린데다가 몸집도 매우 컸고 전력 소비도 많았어요. 게다가 컴퓨터와 사람이 서로 빨리 주고받지 못하고 컴퓨터가 알고 있는 것만 일방적으로 알려 주는 식이었어요.

빌 게이츠는 컴퓨터의 이런 점들이 불편해서 싫었어요. 그래서 열세 살 때 처음으로 소프트웨어를 만들기도 했답니다.

* 타자기
배열된 기호의 키를 눌러서 문자 정보를 입력해서 출력까지 할 수 있는 장치.

마침 레이크사이드 초등학교에 기분 좋은 일이 생겼어요. 학부모 육성회에서 어머니들이 아이들을 위해 컴퓨터를 한 대 들여놓자는 제안을 한 거예요. 1960년대 말, 시애틀에 사는 학생들이 컴퓨터를 접할 수 있는 기회를 갖는다는 것은 기적에 가까운 일이었답니다.

느릿느릿하고 쩔그럭쩔그럭거리는 고물 컴퓨터를 쓰다가 신식 컴퓨터를 만나게 되면서 빌 게이츠는 새롭게 탄생했어요. 빌 게이츠를 컴퓨터 왕으로 만든 계기가 된 것이지요.

그 당시 컴퓨터 단말기에는 모니터가 없었어요. 타자기*처럼 생긴 키보드를 순서대로 누르면 프린터가 치리릭치리릭 소리를 내며 결과를 종이에 찍어서 보여 줄 때까지 앉아서 기다려야 했지요. 결과가 나오면 후다닥 달려가 누가 이겼는지 확인하거나 키보드를 눌러 다음 순서를 계속했지요.

연필과 종이로 게임을 했다면 30초 내에 너끈히 끝낼 수도 있는 오목놀이도 컴퓨터로 하면 점심 시간을 몽땅 허비하는 경우도 많았

지요. 그래도 아무도 불평하지 않았어요. 그저 컴퓨터가 신기하기만 했으니까요.

하지만 차츰 컴퓨터 놀이에 익숙해진 빌 게이츠는 생각했어요.

'어떻게 하면 게임 결과를 빨리 알 수 있을까? 속도가 느려서 순서를 기다리던 아이들이 모두 하지도 못하고 게다가 매일 똑같은 게임을 하니, 순서를 외워 버려서 친구들이 재미없어하고 있어.'

몇몇 아이들은 힘을 모아 속도를 빠르게 한다든지, 게임을 더 어렵게 만드는 방법을 알아내는 등 컴퓨터를 갖고 놀기 시작했어요. 실제로 수백 가지의 게임을 정말 빠르게 처리하는 방법을 알아내기도 했답니다.

그들은 다양한 게임 방법을 테스트하면서 컴퓨터에 명령어를 쳐 넣었지요. 아이들이 알고 싶었던 것은 승률*이 가장 높은 게임 전략이었어요. 컴퓨터는 치리릭치리릭 하면서 답을 알려 주었지요.

이렇게 레이크사이드 초등학교에는 컴퓨터 앞에서 떠날 줄 모르는 아이들이 몇 명 있었어요. 학교 선생님이나 아이들은 그 아이들을 보면 컴퓨터를 떠올릴 정도였으니까요.

▲ 1960년대 말, 기계를 만지며 즐거워하는 레이크사이드 학교 친구들.

*승률
이길 수 있는 확률.

▲레이크사이드 학교 컴퓨터실에 누워 있는 빌 게이츠.

그러던 어느 날이었어요.

"빌 게이츠, 교장 선생님이 부르셔."

빌 게이츠는 교장실에 갔어요.

"컴퓨터로 무슨 짓을 한 거니? C큐브드 사의 시스템에 문제가 생겼다던데."

교장 선생님은 컴퓨터 회사로부터, 빌 게이츠가 컴퓨터에 접속했는데 컴퓨터가 다운돼 버렸다는 연락을 받았던 거예요. 당시 컴퓨터는 아버지와 자식처럼 연결돼 있어서 아버지 역할을 하는 힘센 컴퓨터에 접속을 해야만 자식 컴퓨터가 작동이 되었거든요. 게다가 만약 자식 컴퓨터에 아버지 컴퓨터가 모르는 일을 처리하도록 입력하면 컴퓨터는 고장나기 일쑤였어요. 컴퓨터를 고칠 수 있는 사람들도 많지 않았고요.

"도대체 무슨 명령어를 입력한 거야?"

교장 선생님이 다그쳤어요.

"저는 빌 게이츠라는 단어를 프로그램에 입력한 것밖에 없어요."

빌 게이츠는 어이없다는 듯한 표정으로 대답했어요.

◀ 마이크로소프트 사의 빌 게이츠 회장.
컴퓨터를 쉽게 사용할 수 있도록 해 주는
세 개의 캐릭터를 등장시켜 새로운 프로
그램에 대해 설명하고 있어요.

"다른 건 입력하지 않았단 말이니?"

"컴퓨터가 새 거냐, 옛날 거냐고 묻기에 옛날 거라고 대답했을 뿐
이에요."

"그래, 바로 그거야!"

C큐브드 사는 빌 게이츠 덕분에 새로운 버그*를 발견했던 거예
요. 컴퓨터를 만들면 알 수 없는 단어나 잘못된 명령으로 컴퓨터가
작동하지 않는 오류*가 생기게 돼요. 컴퓨터 박사들은 그것을 가능
한 한 많이 테스트해서 찾아내고 고친 후 판매를 하죠. 그런데 미처
발견하지 못했던 원인을 빌 게이츠가 찾아냈던 거예요.

빌 게이츠는 이 사건을 계기로 학교에서 컴퓨터쟁이로 통하게 되
었어요. 선생님에게서 컴퓨터 프로그래밍 수업을 도와달라는 부탁
을 받기도 했지요. 빌 게이츠는 열심히 프로그램을 만들었어요.

얼마 후, 학교 축제 기간에 공연될 연극인 〈블랙 코미디〉의 주연
을 맡게 되자 어떤 아이들은 이렇게 수군거릴 정도였답니다.

"왜 컴퓨터쟁이를 연극 배우로 뽑았지?"

친구들 사이에서는 어느새 '빌 게이츠는 컴퓨터다.' 라고 인식돼
버렸던 거예요.

* 버그
버그는 영어로 '벌레' 를 뜻한답니다. 컴퓨
터에 벌레가 들어가서 고장난 일이 있었어
요. 그때부터 컴퓨터 프로그램의 오류를 버
그라고 해요.

* 오류
생각이나 지식 등이 틀림.

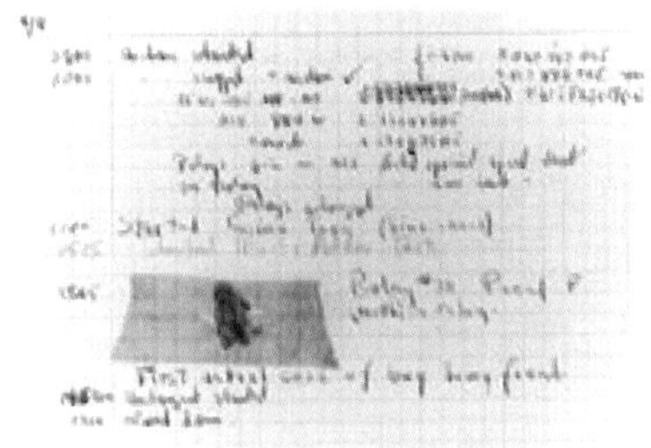

▲ 최초의 버그였던 벌레.
미국 스미소니언 박물관에 보관돼 있어요.

* 철기 시대
인류가 발전한 한 단계로서 석기 시대, 청동
기 시대의 다음 단계. 철을 이용해 여러 가
지 도구를 만들어 쓰던 시대.

* 청동기 시대
인류가 발전한 한 단계로서 석기 시대와 철
기 시대 사이의 단계. 청동을 이용해 여러
가지 도구를 만들어 쓰던 시대.

* 천연 자원
자연적으로 존재해서 인간에게 사용되는
자원.

18

마이크로소프트 사의 탄생

'정보 시대'라는 말을 처음 들었을 때 빌 게이츠는 궁금해서 견딜 수가 없었어요. 철기 시대*와 청동기 시대*에 대해서는 알고 있었지만, 그건 사람이 새로운 천연 자원*을 발견해서 도구와 무기를 만들어 쓰던 시대를 가리키는 특수한 역사 용어잖아요.

그런데 빌 게이츠는 천연 자원이 아니라 정보를 장악하기 위해 국가 간에 치열한 경쟁이 벌어질 것이라고 예언하는 학자들의 글을 읽었어요. 참으로 신기한 얘기였어요.

'도대체 그들이 말하는 정보란 무엇일까?'

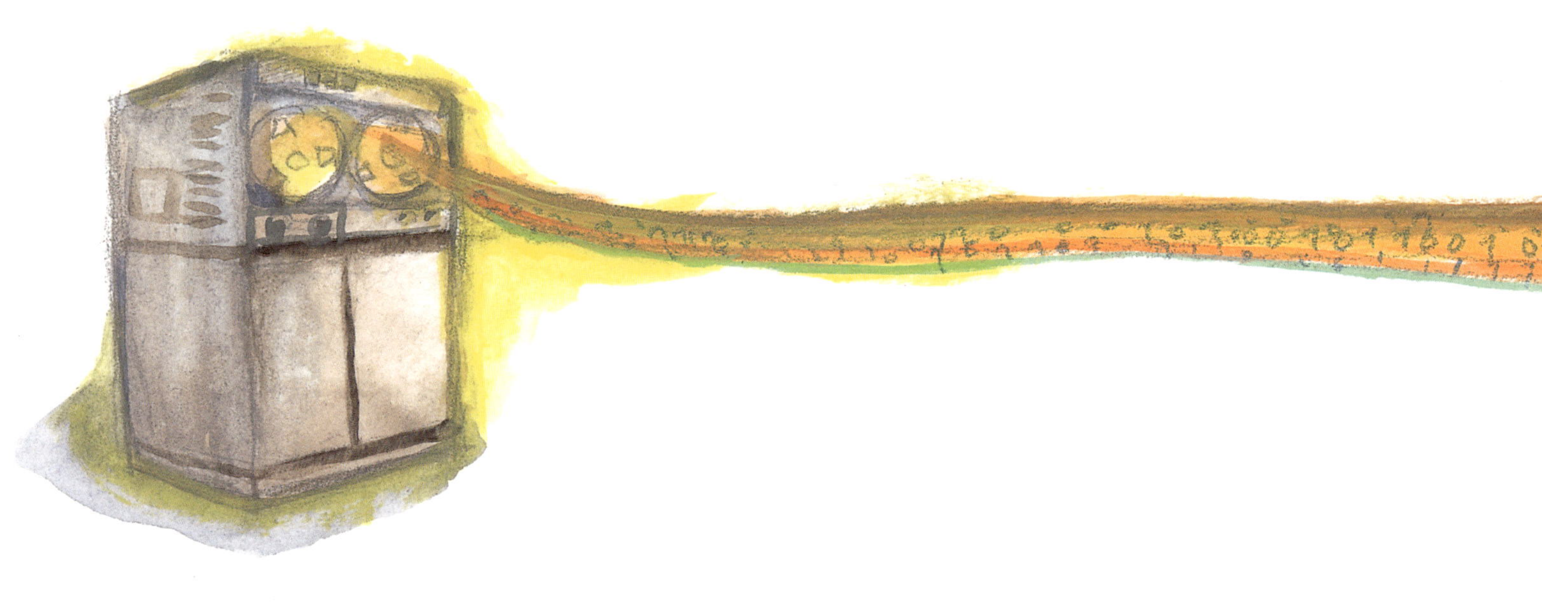

정보는 만질 수도 없고 가치를 재 볼 수도 없는 대상이기 때문이에요. 하지만 정보는 점차 사람들에게 중요한 것이 되고 있지요. 그래서 정보 혁명이 시작되었다고들 말하지요. 처음에 컴퓨터 가격이 매우 비쌌다가 많이 저렴해진 것처럼 통신*비도 크게 떨어질 것이고요. 통신비가 대폭 내려간 상태에서 발전된 다른 과학 기술과 힘을 합치면 '정보고속도로' 는 '전기' 처럼 세상 구석구석에 깔릴 거예요.

그렇게 되면 이제 모든 정보는 디지털*화될 거예요. 지금도 책이나 신문 등의 내용들이 전자 데이터*화되어 웹(WEB)*과 CD-ROM*으로 저장되고 있지요. CD-ROM이나 웹에서 영어, 한문 등을 가르치는 걸 본 적이 있지요? 사진들도 본 적이 있지요? 이런 걸 '전자 정보', '디지털화' 라고 해요. 웹 안에 차곡차곡 넣은 정보를 '데이터베이스' 라고 하지요.

빌 게이츠는 미리 이런 세상이 될 거라고 생각하고 고민에 빠졌던 거예요.

전자 정보는 컴퓨터의 데이터베이스에 저장되고, 신문사나 방송국 등 언론사의 거대한 정보는 웹의 온라인 서비스를 통해 이용할

*통신
서로 소식이나 정보를 교환, 연락하는 것.

* 디지털(digital)
자료를 수치로 바꿔 처리하거나 숫자로 나타내는 것.

* 데이터(data)
컴퓨터에서 사용할 수 있게 문자와 숫자 등의 기호로 나타낸 자료.

* 웹(WEB)
월드와이드웹(world wide web)의 준말. 인터넷 망에서 쉽게 정보를 찾을 수 있도록 고안된 방법, 또는 세계적인 인터넷 망.

* CD-ROM
많은 양의 정보를 기억할 수 있게 하는 컴퓨터 데이터 저장 기구의 하나.

수 있지요. 또한 사진, 필름, 비디오도 모두 디지털 정보로 변환되고 있으니까, 디지털 정보가 컴퓨터에 저장되어 있으면 누구나 어디서든지 컴퓨터를 검색하고 비교해서 그 내용(정보)을 활용할 수 있답니다.

빌 게이츠는 정보를 디지털화해서 컴퓨터에 넣어 놓으면 그 컴퓨터가 가정과 사무실에 정보를 보내서 누구라도 정보를 싸고 빠르게 이용할 수 있을 거라고 생각했어요. 그러려면 컴퓨터와 통신 과학 기술이 함께 발전해야 되는 문제가 있었어요.

빌 게이츠는 그 고민을 해결하기 위해 컴퓨터에 빠져 있었지요.

"요즘 네 고등학교 생활을 보니 문제가 있는 것 같구나."

아버지는 빌 게이츠에게 심각한 문제가 있음을 알아차렸어요.

"아무 소용도 없는 컴퓨터는 이제 그만 버려라. 그 시간이면 충분히 내 뒤를 이을 법학 공부를 할 수 있을 거다."

아버지는 매우 엄격했어요. 빌 게이츠는 아버지의 명을 거역할 수가 없어서 컴퓨터를 그만두고 법학을 공부하기 시작했어요.

'휴, 뭐가 뭔지 모르겠어.'

하지만 빌 게이츠는 언제나 컴퓨터 프로그래밍만 생각했지요. 결

▲1947년에 만들어진 컴퓨터, 유니박 1. 처음으로 진공관을 이용해서 만든 컴퓨터예요.

국 빌 게이츠는 9개월 만에 다시 컴퓨터를 하기로 마음먹었지요.

C큐브드 사를 인포메이션 사이언스 사가 인수했다.

어느 날이었어요. 방송을 보니 빌 게이츠가 좋아하던 컴퓨터 회사가 부도* 났다는 소식이 들려왔어요.

그런데 얼마 후 켄트가 허겁지겁 달려와 말했어요.

"우리들에게 제안이 들어왔어. 인포메이션 사이언스 사에서 임금* 계산 프로그램을 개발해 달래!"

빌 게이츠는 뛸 듯이 기뻤어요. 드디어 자신의 실력을 발휘할 때가 왔다고 생각했지요. 이때부터 빌 게이츠에게 프로그램을 맡기는 사람들이 조금씩 생겨났습니다.

빌 게이츠는 그날부터 며칠을 뜬눈으로 밤을 지새웠어요. 빌 게이츠는 기본급, 수당, 보너스, 국세, 지방세, 공제액 등의 숫자와 씨름한 끝에 납품 일자까지 한눈에 알아볼 수 있는 프로그램을 개발하게 되었어요.

"이럴 수가……, 이렇게 완벽할 수가 없어!"

C큐브드 사를 인수한 인포메이션 사이언스 사의 대표는 빌 게이츠의 프로그램을 보고 입을 다물지 못했어요. 그 대가로 1만 달러

*부도
회사, 개인 등이 수표나 어음을 발행한 후 예금 액수가 부족해서 지급받지 못하는 일.

*임금
일을 한 후에 받는 대가.

▲1944년 하버드 대학과 IBM사가 만든 최초의 자동 계산기, 마크 1.

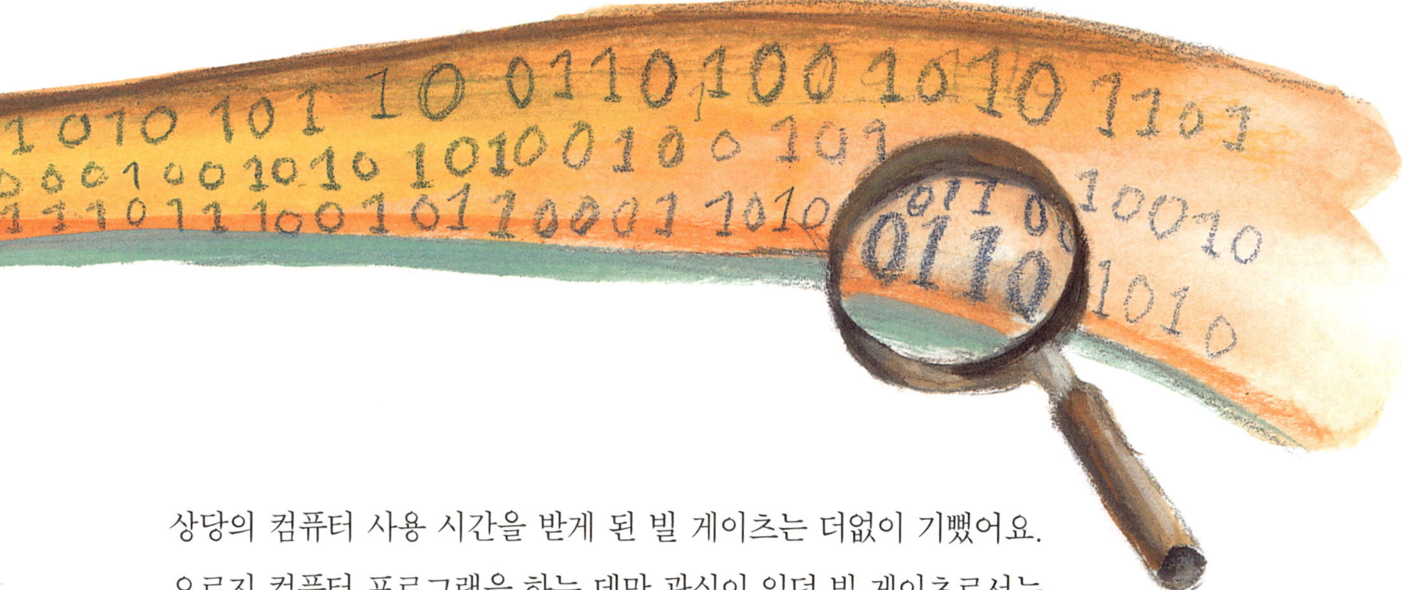

상당의 컴퓨터 사용 시간을 받게 된 빌 게이츠는 더없이 기뻤어요.
오로지 컴퓨터 프로그램을 하는 데만 관심이 있던 빌 게이츠로서는
행복한 나날이었지요.

"시에서 우리에게 교통량을 계산하는 프로그램을 개발해 달라는
의뢰가 왔어."

빌 게이츠는 곧바로 교통량 계산 프로그래밍 회사를 만들었어요.
교통량을 계산하는 프로그램을 만들어 각 시에 팔 계획이었지요.

그런데 켄트가 새 소식을 들고 와 걱정을 늘어놓았어요.

"큰일이다. 연방 정부에서 교통량 계산 프로그램을 개발해서 전
국에 보급한대."

연방 정부에서 그 프로그램을 개발해서 보급한다면 빌 게이츠는
그 일을 할 필요가 없었지요. 빌 게이츠는 난감했어요.

"빌 게이츠, 교장 선생님께서 부르셔."

일할 의욕을 잃고 방황하고 있는데 교장 선생님이 부른다는 전갈
이 왔어요.

"빌 게이츠, 켄트, 어서 오너라. 너희들에게 우리 학교 수업 시간
표 관리 프로그램 개발 일을 맡기고 싶은데, 어떠니? 물론 보수*
는 충분히 주마."

교장 선생님의 제의는 실의*에 빠졌던 빌 게이츠에게 더없는 용

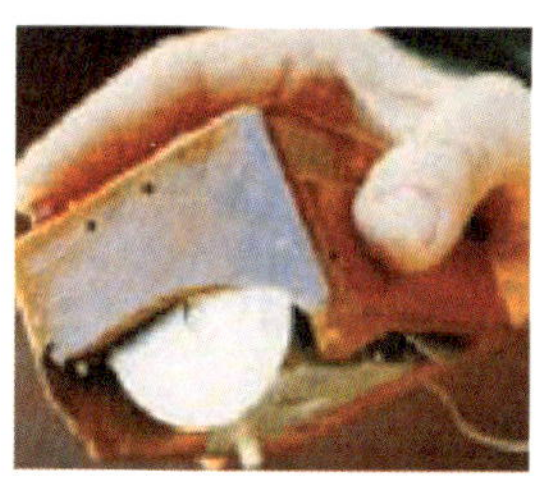

▲1964년 엥겔바트가 처음 만들었던
마우스.

*보수
노력의 대가 또는 사례로 주는 돈이나 물품.

*실의
기대한 바에 미치지 못해 의욕을 잃어버리
는 것

기를 주었지요.

"켄트, 우리 시뮬레이션* 컴퍼니 회사를 만들자."

엉뚱한 생각을 잘 하던 빌 게이츠는 이 일을 기회 삼아 또 회사를 만들자고 했어요.

켄트와 빌 게이츠는 뜻이 잘 맞아 언제나 붙어 다녔어요. 친한 친구인데다 컴퓨터라는 관심 분야도 같았으니까요.

1971년, 빌 게이츠는 아직 고등학생이고, 켄트는 대학생이 되었지요. 폴 앨런은 이미 대학생이었고요.

그 해, 캐나다 밴쿠버의 방위 산업*체 TRW 회사에서는 중역* 회의가 열리고 있었어요.

"시애틀의 C큐브드 사의 PdP-10 버그 보고서의 천재, 버그 사냥꾼, 폴 앨런과 빌 게이츠를 찾았습니다."

"다행이군. 지금 그들은 뭐 하나?"

"폴 앨런은 대학생이고, 빌 게이츠는 고등학생입니다."

"뭐, 고등학생?"

"네, 그러나 그들은 천재입니다."

"고등학생이라……."

"고등학생이면 어떻습니까. 당장 채용합시다."

중역 회의에서 고등학생인 빌 게이츠를 채용하자는 결정이 나왔지요. 곧 빌 게이츠에게 제의가 들어왔어요.

"우리 회사는 북서부 지역 전력망을 프로그래밍하고 있지. 주당 165달러를 수당으로 줄 테니 일 좀 해 다오."

빌 게이츠는 좋아하는 컴퓨터도 하고 돈도 버는 일석이조*의 기회를 갖게 되었어요. 그러나 그 순간까지도 고민에 빠져 있었지요.

'너는 아버지의 뒤를 이어 법대에 들어가야 한다.'는 부모님의 강력한 주장과 '미래를 주도*하는 컴퓨터가 신 산업 혁명의 시대를

열게 될 거야.' 라는 빌 게이츠의 생각이 충돌하고 있었거든요.

그런데 그때 불행한 일이 발생했어요.

"뭐라고? 켄트가 등반* 사고로 죽어?"

빌 게이츠에게는 둘도 없는 친구, 언제나 힘이 되어 주던 친구가 등반 사고로 죽은 것이에요.

빌 게이츠는 슬픔에 빠져 며칠을 방 밖으로 나가지도 않았어요.

방황을 끝낸 빌 게이츠는 1973년, 하버드 대학* 법대에 들어갔어요. 얼마 후 수학과로 과를 바꾸었지요.

어느 날 미적분 시간이었어요.

"선생님, 실수하셨습니다. 답이 틀리는데요."

이렇게 빌 게이츠는 대학에서 수학 실력을 유감없이 발휘했어요. 교수들이 꼼짝 못했지요.

1년 후, 빌 게이츠는 여름방학에 폴 앨런과 함께 보스턴의 하니웰 사에서 프로그래밍 아르바이트를 했어요. 그때 두 사람은 일을 본격적으로 해야겠다는 마음으로 학교를 그만두기로 결심했답니다.

그들은 새로운 환경에서 돌아가는 최초의 소형 컴퓨터 용어인 베

*등반
매우 높거나 험한 산 등을 오르는 것.

* 하버드 대학
미국 매사추세츠 주의 케임브리지 시에 1636년에 세운 사립 종합대학이에요.

이식 프로그램을 개발하게 되었어요. 그걸 MITS사와 계약하고 제품으로 만들 준비를 했지요. MITS사는 아주 작은 회사였어요. 하지만 그들이 만든 제품은 성공하고 있었어요.

그들이 만든 프로그램이 제품으로 만들어지는 순간, 빌 게이츠와 폴 앨런은 서로 부둥켜안았어요.

"파이팅!"

"우리가 회사를 만들자!"

빌 게이츠와 폴 앨런은 그 여세*를 몰아 대학교를 중퇴하고 1975년 7월, 뉴멕시코* 주 앨버커키에 마이크로소프트 사를 만들었어요. 이때부터 마이크로소프트 사는 빌 게이츠의 사업 능력과 많은 사람들의 도움이 맞물려 승승장구하게 됩니다.

여기서 잠깐, 컴퓨터를 이해하기 위해, 정보를 전하는 두 가지 방법에 대해 알아보기로 해요. 하나는 아날로그 방식*이고 또 하나는 디지털 방식*입니다.

우선 전구를 예로 들어 볼게요.

하나의 방을 250와트의 전구로 밝힌다고 가정해 보죠. 그런데 조명을 0와트에서 250와트까지 자유롭게 조절하고 싶으면 어떻게 해야 할까요? 먼저 회전식 조명 스위치를 250와트 전구에 연결하는 방법이 있어요. 완전히 어둡게 하려면 스위치를 시계 반대 방향으로 끝까지 돌리면 되죠. 최대한으로 밝게 하려면 시계 방향으로 끝까지 돌리고요. 중간 정도의 밝기를 원한다면 양 극단 사이의 적당한 지점까지 스위치를 돌리면 되거든요.

이 시스템은 사용하기는 쉽지만 한계가 있어요. 사용되는 전력량이 얼마인지, 스위치의 위치가 어디인지를 정확히 표현할 수 없거든요. 그 값은 어디까지나 근사치*에 머물기 때문에 그것을 저장하거나 재생*하기가 곤란하답니다.

지금과 똑같은 밝기로 다음에도 전등을 켜고 싶다면 어떻게 해야

*여세
어떤 일을 한 후, 또 다른 일을 할 수 있는 힘.

*뉴멕시코
미국 남서부에 있는 주.

*아날로그 방식
어떤 수치를 무한히 연속된 물리량으로 나타내는 방식.

*디지털 방식
어떤 자료를 유한한 자릿수의 숫자로 나타내는 방식.

*근사치
어떤 수치에 매우 가까운 수치.

*재생
원래의 값을 다시 살려 내는 것.

할까요? 얼마만큼 돌려야 할지를 알기 위해 스위치 판에다 표시를 해 놓을 수도 있지만 정확하지가 않거든요. 다른 밝기로 전등을 켜고 싶다고 해도 사정은 마찬가지예요. 만일 친구가 똑같은 밝기의 조명을 유지하고 싶어한다면 "위치를 시계 방향으로 5분의 1쯤

▲ 젊은 시절의 빌 게이츠의 모습.

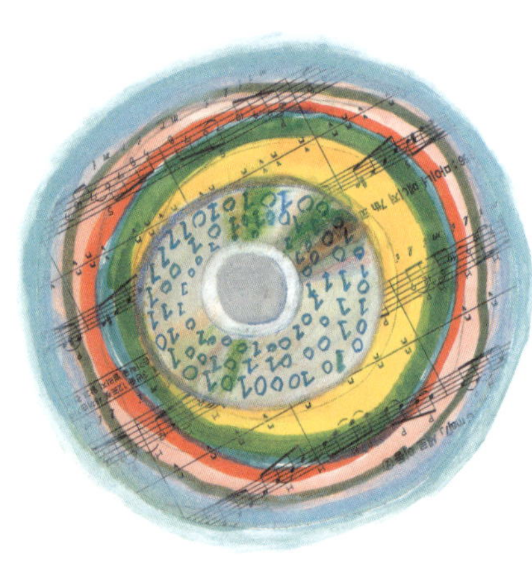

돌려라.” 또는 “화살표가 두 시 방향에 올 때까지 스위치를 돌려라.”라고 말해 줄 수 있을 거예요. 만일 친구가 다른 친구에게 그 정보를 전하고, 그 친구는 또 다른 친구에게 그것을 전한다고 하면 과연 어떤 일이 벌어질까요? 정보가 한 다리를 건널 때마다 정확도는 점점 떨어질 수밖에 없겠지요.

이것이 ‘아날로그’ 형태로 저장되는 정보의 단점이에요. 조명의 스위치는 전구의 밝기에 대해 비슷한 값을 주기 때문이지요. 스위치가 절반가량 돌아가면 사용 가능한 전력의 약 절반을 쓰고 있는 셈이에요. 사람들은 스위치를 얼마만큼 돌렸는지를 측정하거나 남에게 설명할 때, 비슷한 꼴에 대한 정보를 제공하는 것으로 보아야 하거든요. 아날로그 정보는 취합하고 저장하고 재생할 수는 있지만 정확하지 않을 수가 있답니다. 매번 사용할 때마다 정확도가 떨어지는 위험성을 안고 있지요.

이제 방의 밝기를 전혀 다른 방식으로 알아보기로 해요. 정보를 저장하고 사용한다는 점에서는 똑같지만 아날로그가 아닌 디지털 방식을 설명할게요. 모든 정보는 오직 0과 1만을 써서 수로 변환할 수 있어요. 0과 1로만 표현되는 수를 2진수라 하는데, 0과 1은 각각 비트*라고 부르지요. 일단 수로 변환된 모든 정보는 컴퓨터 안에 기다란 비트의 나열로 입력해서 저장될 수 있어요. 이런 수들을 ‘디지털 정보’라고 해요. 이렇게 하면 언제든지 누구나 정확한 밝기를 정확한 전력량으로 사용할 수 있답니다.

이 방식은 음악에도 적용되지요.

레코드 역시 아날로그 형태로 정보를 저장하는 장치들이 갖고 있는 결함을 고스란히 갖고 있어요. 레코드 표면에 묻은 먼지, 지문, 또는 긁힌 자국이 바늘의 진동을 흐트러뜨리면 소리가 튀거나 잡음이 생기지요. 레코드가 정상 속도로 돌아가지 않으면 소리의 높낮이도 불안해집니다. 레코드를 틀 때마다 바늘은 레코드 표면의 미세한 흘림 선을 약간씩 닳게 만들고, 그래서 소리 재생력은 갈수록 떨어져요. 레코드에 수록된 노래를 테이프에다 녹음하면 레코드의 이런 단점이 테이프에도 나타나고 또 새로운 단점도 추가된답니다. 대개 카세트테이프 역시 아날로그 식이기 때문이지요. 재생이 거듭될수록 음질은 떨어진답니다.

CD에서 음악은 디지털 방식대로 2진수로 저장되는데, 정보의 한 비트는 CD 표면에 있는 미세한 구멍(또는 스위치)으로 표현되거든요. 요즘 CD는 50억 개 이상의 구멍을 갖고 있어요. CD 플레이어 안의 레이저 반사광이 구멍 하나하나를 읽어 0의 위치인지 1의 위치인지를 알아낸 다음 그 정보를 다시 모아서 특수한 전기 신호를 보내면 이것을 스피커가 음파로 바꾸어 원래의 음악을 내보내는 거랍니다. 디지털 방식인 CD는 아무리 여러 번 틀어도 음질이 달라지지 않지요.

그렇다면 통신 시설에는 어떻게 적용될까요?

머지않은 장래에 각 가정에는 모든 정보를 디지털 데이터로 처리해 주는 통신선이 깔리게 될 거예요. 그 통신선은 지금 장거리 통화에 쓰이는 광 케이블*일 수도 있고, 케이블* TV에 쓰이는 동축 케이블일 수도 있지요. 음성으로 판명되면 디지털 신호는 전화벨을 울릴 것이고, 비디오 영상으로 판명된 신호는 TV에 나타날 거예요. 온라인 뉴스는 프린터로 인쇄되거나 컴퓨터 화면에 화상으로 전달될 거고요. 통신망을 연결하는 개별 통신선은 전화, 영화, 뉴스만을 전하는 건 아니겠지요.

그러나 투박한 칼을 쓰던 석기 시대의 인간이 기베르티*가 만든 피렌체의 세례당 청동문을 상상할 수 없었듯이, 앞으로 25년 뒤에 정보고속도로를 타고 어떤 것이 오고갈지 지금으로서는 상상할 수 없겠지요. 정보고속도로가 완성되었을 때, 비로소 그 무궁무진한 가능성을 이해할 수 있을 거예요.

▲빌 게이츠가 레이크사이드 학교에서 처음 만났던 컴퓨터, PDP-10. 1960년대에 소형 컴퓨터가 만들어지면서 일반인도 컴퓨터를 접할 수 있게 되었어요.

＊광 케이블
광섬유 케이블이라고 하며, 전기 신호를 광선 신호로 바꿔서 유리 섬유를 통해 전달하는 케이블.

＊케이블
섬유나 철사를 꼬아 만든 굵은 밧줄. 전기 절연물로 싼 여러 개의 전선을 단을 지어 다시 겉을 포장한 것.

＊기베르티(1378~1455)
이탈리아 르네상스 초기의 뛰어난 조각가.

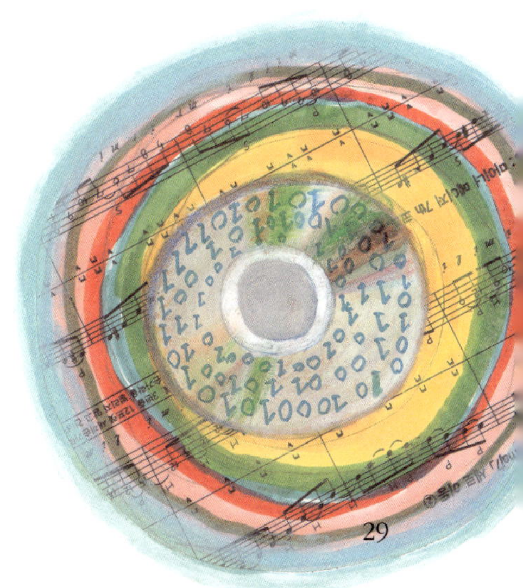

실패를 활용하는 사업가

"또 바이러스야."

"죽었군, 죽었어."

사람들이 아우성쳤어요. 지금까지 일해서 저장해 둔 문서가 모두 못 쓰게 되어 버렸거든요.

'바이러스, 음…….'

빌 게이츠는 바이러스의 피해가 늘어가자 근본적으로 바이러스를 차단할 방법을 궁리했어요. 그는 다른 일은 하지 않고 오직 바이러스하고만 전쟁하고 있었지요.

"사장님, 실패입니다. 잘 안 되는데요."

"해 봐, 다시 하라고!"

빌 게이츠는 급한 보고를 받았지만 절대 포기하지 않았어요. 실패를 거듭해도 될 때까지 계속 하라고 소리쳤어요.

성공은 별로 좋은 스승이라 할 수 없어요. 성공은 똑똑한 사람에게 실패하지 않는다는 착각을 심어 주지요. 성공만 한 사람은 자만할 수 있고, 자만하는 사람의 미래는 위험해요.

8트랙 카세트테이프 플레이어, 진공관 TV, 대형 컴퓨터 등은 그 당시에는 획기적인 발명품이었지요. 그것처럼 지금은 최신 기술, 완벽한 사업 계획처럼 보이는 것도 하루 아침에 고물로 전락하는 경우가 비일비재*하답니다.

빌 게이츠는 두 눈으로 그것을 목격했어요. 오랜 기간 동안 수많은 기업들이 흥하고 망하는 것을 세심하게 관찰하면 미래의 전략을

▲ 1974년에 최초로 개발된 개인용 컴퓨터, 알테어(Altair) 8800.
이 컴퓨터의 운영 체제를 빌 게이츠가 개발했어요.

* 비일비재
한두 번이 아니라 매우 많다는 뜻.

세우는 데 지침이 될 만한 원칙들을 발견하게 되지요.

'음, 어떻게 해야 한담?'

회사를 만들고 나니 지금까지 해 왔던 상식대로 끌어갈 수는 없었어요. 어제의 상식은 어제의 시장에서만 통하는 것이니까요. 지난 몇십 년 동안 컴퓨터 하드웨어*와 소프트웨어 시장은 다른 업계와는 확실히 다른 발전된 양상을 보였어요. 천문학적인 수익을 내고 수많은 고객을 거느리던 유명한 기업들이 하루 아침에 자취를 감추기도 했어요. 또한 애플, 컴팩, 로터스, 오라클, 선, 마이크로소프트 사처럼 무일푼에서 출발한 새로운 기업들이 눈 깜짝할 사이에 수백억 달러의 매출액을 올리는 대기업으로 성장했지요.

이렇게 하루가 다르게 변하고 요동치는 컴퓨터 시장에서 빌 게이츠는 새로운 그래픽 프로그램을 개발하기 위해 상상력을 발휘해야 했어요. 그래픽 프로그램이란 문자, 그림, 사진 등을 응용하거나 새롭게 만들어 낼 수 있는 디자인 프로그램이랍니다.

'모양은 어떻게 만들까? 어떻게 작동시킬까?'

빌 게이츠는 먼저 그래픽 툴을 만들어 냈던 제록스의 작업에서

*하드웨어
컴퓨터의 장치나 기기를 말하는데, 크게
본체와 주변 장치로 나뉘지요.

일부 도움을 받기도 하고 독창적으로 만들어 내기도 했어요. 처음에는 가능한 한 많은 기능을 모두 넣어 주려 했어요. 현재 그래픽 업계에서 많이 사용하는 기능과 앞으로 필요하게 될 내용들까지 한꺼번에 다 넣어 주려 했지요. 여기저기서 필요한 기술을 구했어요. 쓸 수 있는 모든 글씨체와 기호들을 모두 썼거든요.

그런데 그러다가 오히려 그것이 사용하는 사람을 더 어지럽게 만든다는 사실을 깨닫고 좀더 단순한 메뉴로 바꾸었어요.

마이크로소프트 사는 매킨토시*의 워드프로세서*인 마이크로소프트 워드를 개발하고, 스프레드시트*로는 마이크로소프트 엑셀을 만들었어요. 이것들은 마이크로소프트 사를 창업하고 만든 최초의 그래픽 상품이었지요.

매킨토시는 뛰어난 운영 체제를 갖춘 컴퓨터였지만 다른 업체에서 그 운영 체제를 사용할 수 있는 소프트웨어를 만들지 못하게 했어요. 소프트웨어를 사용하려면 애플 컴퓨터를 사라는 것이었지요.

마이크로소프트 사는 매킨토시가 많이 팔려 개발한 소프트웨어가 널리 보급되기를 원했어요. 응용 소프트웨어 개발에 그들이 많은 투자를 했기 때문이기도 하지만 무엇보다도 사람들이 그래픽 기능을 받아들여 사용해 주기를 바랐기

때문이지요.

컴퓨터 산업은 변화무쌍한 세계라 거의 뒤를 돌아볼 겨를이 없었어요. 그러나 실수를 하나하나 되짚어보고 미래의 기회에 초점을 맞추려 했지요. 실패를 두려워해서는 안 되었어요. 문제를 해결하는 데 실패했다고 해서 벌을 줘서도 안 되지요. 한 번의 실수는 병가상사* 아닌가요?

"실패한 기업에 있는 사람들을 모셔옵시다."

마이크로소프트 사가 성장하기 시작할 때, 빌 게이츠는 실패한 기업에서 일했던 경험을 갖고 있는 사람들을 의도적으로 채용했어요. 실패하게 되면 더 창조적으로 일하고 싶은 욕구가 생기기 때문이지요.

빌 게이츠는 밤낮없이 생각에 생각을 거듭하면서 주위에 그런 경험이 있는 사람을 두고 싶어했지요. 앞으로 마이크로소프트 사도 반드시 실패를 겪을 것이라는 생각으로 미리 대비했던 거예요. 난국을 타개할 능력이 있는 사람들은 어려운 상황일수록 빛을 발할 테니까요.

지금 시장의 주도권을 잡고 있는 기업이라 할지라도 언제 쓰러질

*병가상사
이기고 지는 것은 전쟁에서 흔히 있는 일이라는 의미로, 한 번의 실패에 절망하지 말라는 뜻.

지 모르는 일이었어요. 사업이 아주 잘 될 때는 자신의 기업이 위기에 처할 수 있다는 걸 생각해서 미리 대처하기 어렵지요. 그것이 '정보고속도로' 건설에 뛰어든 기업들이 갖는 문제점 중 하나였어요. 그런 생각을 할 때마다 빌 게이츠는 바짝 긴장했어요. 빌 게이츠도 마이크로소프트 사가 현재처럼 급성장하리라고는 상상하지 못했어요. 새로운 시대가 개막되는 지금 빌 게이츠는 어느새 자칫 안주*하기 쉬운 기성세대*가 되어 있는 자신의 모습을 보게 되었지요. 빌 게이츠의 목표는 성공한 기업도 자기 혁신*을 할 수 있고 계속 정상을 지킬 수 있다는 것을 증명하는 것이었어요.

1977년, MITS사를 퍼택에 팔아 버리는 사건이 일어났어요. 빌 게이츠로서는 대단히 충격적인 사건이었어요. MITS사에 모든 걸 다 걸었던 빌 게이츠는 그야말로 사면초가*였지요.

'좋아, 다시 시작하는 거야. 아예 독립하자고.'

빌 게이츠는 어려움을 정면 돌파하기로 했어요.

그런데 하늘이 도울 만한 일이 일어났어요. 아니, 기적 같은 일이 벌어졌어요. 베이식을 개발해서 MITS사에 납품했던 마이크로소프트 사는 지적 소유권*을 되찾기 위해 퍼택과 다투고 있었는데 법원은 빌 게이츠의 지적 소유권을 인정한다는 판결을 내렸어요.

마이크로소프트 베이식은 빌 게이츠가 갖는다.

"만세! 만세."

드디어 빌 게이츠는 마이크로소프트 사를 컴퓨터 회사로 만들고 시장에 뛰어들었어요.

* 안주
현재 상태에 만족해서 편안하게 지내는 것

* 기성세대
한 사회의 중심에 자리 잡고 있는 세대.

* 혁신
조직의 법, 습관 따위를 새롭게 고치는 것

* 사면초가
사방이 모두 적으로 둘러싸여 아무런 도움을 받을 수 없는 고립된 상태를 말함.

* 지적 소유권
독창적인 기술이나 지식 등 지적 재산의 소유권을 인정하여 남이 함부로 사용하지 못하게 할 수 있는 권리.

새로운 운영 체제를 개발하라

1980년 7월, 뉴욕의 IBM*사는 시장 점유율*이 40퍼센트로 떨어졌어요. 회사에서는 긴급 상황으로 사장단 회의가 열렸어요.

"현재 컴퓨터 시장은 중대형* 컴퓨터가 제자리걸음이고 개인용 컴퓨터가 급증하는 상황이오. 이런 특징을 보이고 있는 이상, 우리도 개인용 컴퓨터 시장에 뛰어들어야겠소."

"그건 아무나 할 수 있는 게 아닌 것 같습니다. 경험도 없는데다가 좁은 시장인데 갑자기 뛰어들기엔 위험하지 않을까요."

"1년의 시간을 주겠소. 자체 설계로 개인용 컴퓨터를 만드시오."

"1년이라니요. 10년은 돼야 만들 수 있는 일입니다."

"명령이오! 우리 회사의 성패*가 걸린 중대한 일이오."

그때부터 IBM사는 이리 뛰고 저리 뛰며 개인용 컴퓨터를 만드는 기술 정보와 시장 상황을 알아보는 데 온 힘을 기울였어요.

"사장님, IBM사에서 온 전화예요."

빌 게이츠에게 한 통의 전화가 왔어요.

"IBM사의 잭 샘스요. 내일 만나도록 합시다."

IBM사의 중역이 빌 게이츠를 찾아왔지요. 빌 게이츠는 손님을 접대하려고 양복을 입고 현관에서 잭 샘스를 기다렸어요.

"빌 게이츠 사장을 만나러 왔소. 안내하시오."

▲1952년에 만든 IBM의 컴퓨터.
진공관을 사용했어요.

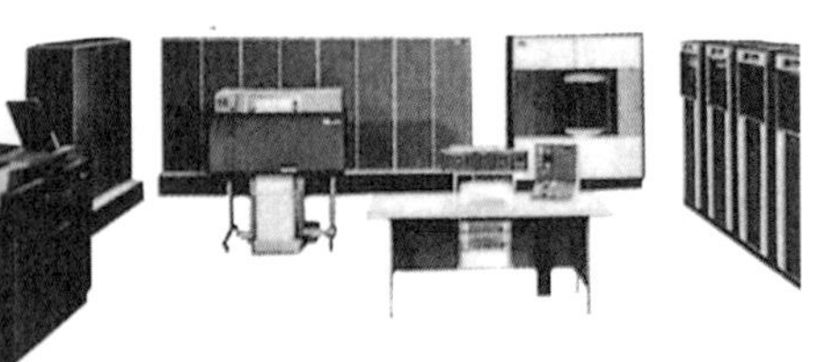
▲1960년에 만든 IBM 1401.
트랜지스터를 사용했어요.

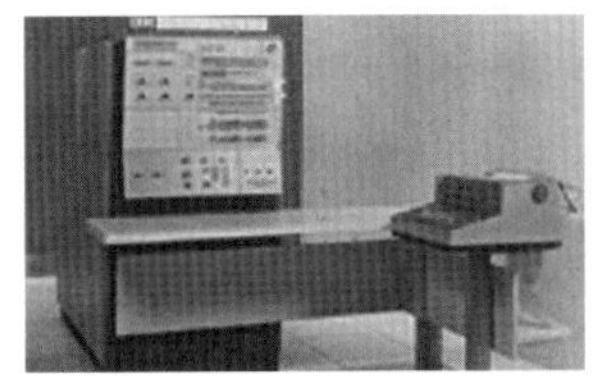
▲1964년에 만든 IBM 360.
당시 대 히트 상품이었어요.

▲1981년에 만든 IBM x86.
시스템의 시초가 되었어요.

잭 샘스는 현관에 나와 있는 빌 게이츠를 그저 어린 직원 정도로 생각하고 있었지요.

"제가 빌 게이츠입니다. 어서 오십시오."

잭 샘스는 너무 어이가 없었어요. 젊은이가 사장이라는 것이 믿어지지 않았던 것이지요. 유명한 개인용 컴퓨터의 황제가 애송이란 사실에 더 놀랐던 거예요.

"아, 미안하오. 내가 정신이 없어서……."

잭 샘스는 말을 얼버무리면서 빌 게이츠와 개인용 컴퓨터 언어와 운영 체제 개발에 대한 계약을 맺었지요.

"이건 절대 비밀이오. 알아서 확실하게 만들어 놓으시오."

IBM사와 극비로 계약을 한 그날부터 빌 게이츠는 눈코 뜰 새 없이 뛰고 또 뛰었어요. 오로지 컴퓨터에 사용할 새로운 언어를 개발하고자 하는 생각밖에 없었어요.

1981년 8월 12일, 드디어 IBM사에서는 빌 게이츠의 협력 덕택으로 세계 최초의 16비트 컴퓨터로 새로운 신화를 쌓을 수 있게 되었어요. MS-DOS*는 이때까지 사용되던 개인용 컴퓨터의 운영 체제보다 사용이 편리하고 배우기 쉽다는 장점 때문에 초창기인 컴퓨터 업계의 수많은 경쟁업체들을 누르고 개인용 컴퓨터 운영 체제의 대명사가 되었답니다. 이것이 예전에 컴퓨터에서 사용하던 DOS라고 부르던, 그래픽 운영 체제가 아닌 문자 기반의 운영 체제 프로그램이 널리 쓰이게 된 과정이랍니다.

당시 애플 사*는 컴퓨터를 전문가만의 전유물이 아니라 누구나 쉽게 사용할 수 있는 기계로 탈바꿈시킨다는 목표를 갖고 매킨토시를 개발해서 선풍적인 인기를 모으고 있었어요. 비록 가격은 비쌌지만 그때까지 다른 컴퓨터들은 도스로 문자 명령어를 입력해야 컴퓨터가 작동되었어요. 그런데 매킨토시는 아이콘, 메뉴, 마우스 등

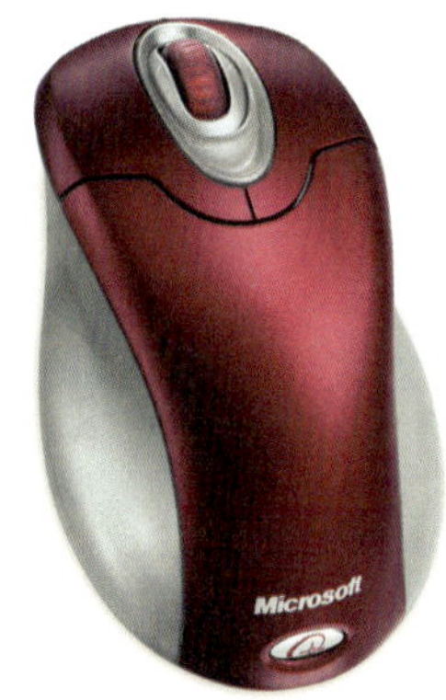

◀ 마이크로소프트 사가 개발한
마우스와 키보드.

을 사용한 GUI* 시스템으로 운영되어 사용하기에 훨씬 쉬웠거든
요. 겉모양새뿐만 아니라 매킨토시의 그래픽에 의한 정보 처리 방
식은 몇몇 다른 영역에도 큰 영향을 미치게 되었답니다.

　1980년대 초, 개인용 컴퓨터가 개발됨에 따라 당시 거대 컴퓨터
기업인 IBM사도 그 사업에 뛰어들었어요. 하지만 당시 고급 성능
을 지닌 애플 사의 매킨토시를 따라잡기는 힘들었지요. 그래서
IBM사는 보급형 컴퓨터를 개발하는 데 주력했어요.

　IBM사는 여러 가지 각각의 핵심 부품을 생산할 기업이 필요했
고, 인텔 사와 마이크로소프트 사를 선정한 것이랍니다.

　그런데 가격이 비싸고 성능이 좋았던 매킨토시 컴퓨터는 제품 생
산 방법을 공개하지 않았답니다. 그런데 IBM은 매킨토시를 의식하
고 저가, 저성능의 컴퓨터를 개발해서 그 기술을 공개하고 라이선
스*를 맺은 기업은 생산을 해도 된다는 방침을 세웠어요.

　미래의 컴퓨터 시장에 군침을 흘리던 기업들은 IBM 측의 가격이
싼 저성능 컴퓨터를 선택했어요. 하지만 IBM사는 실패하고 말았어
요. 바로 라이선스 계약으로 인해 IBM사의 컴퓨터가 팔리지 않게
된 거죠. 그런 흐름에서 유일하게 운영 체제를 차지한 빌 게이츠의
마이크로소프트 사와 CPU 시장을 차지한 인텔 사는 많은 이득을

* MS-DOS(disk operating system)
마이크로소프트 사에서 개발한, 컴퓨터 디
스크 운영 체제.

* 애플 사
애플 컴퓨터 사. 1977년, 미국에서 스티브
워즈니악과 스티브 잡스가 설립한 개인용
컴퓨터 제조 회사예요.

* GUI(graphical user interface)
사용자가 그래픽을 통해 컴퓨터와 정보를
교환하는 작업 환경을 이르는 말.

* 라이선스
다른 기업의 상표나 기술 따위를 사용할 수
있다는 허가를 받는 것.

▲1976년에 스티브 잡스와 스티븐 워즈니악이 만든 애플(Apple) I.

▲1977년에 개발한 애플 II.

▲2000년대의 애플.

보게 되었어요.

IBM사와 함께 새로운 것을 이뤄 낸 경험은 빌 게이츠가 새로운 회사를 만드는 계기가 되었지요.

"나는 여러분에게 두 가지를 약속하겠습니다. 첫째, 우리가 컴퓨터 업계의 표준을 정하겠다는 것입니다. 둘째, 누구나 컴퓨터를 손쉽게 쓸 수 있도록, 쉬운 소프트웨어를 만들겠다는 것입니다."

빌 게이츠는 세계 최대의 소프트웨어 제국을 만들겠다는 포부를 발표하며 원대한 꿈을 향해 발걸음을 내디뎠어요.

결국 마이크로소프트 사는 1983년 4월, 마우스를 개발하고 9월에 최초의 응용프로그램 워드 1을 개발했답니다.

이렇게 운영 체제와 응용 프로그램의 개발은 실생활에도 많은 변화를 가져왔어요. 문서가 디지털 정보로 변한 것이지요.

지난 500여 년 동안 엄청난 양의 지식과 정보가 종이 문서로 저장되어 왔어요. 여러분이 지금 손에 들고 있는 책도 종이로 되어 있지요? 종이는 언제까지나 우리들 곁에 남아 있겠지만 정보를 찾고 보존하고 전달하는 수단으로써 종이의 중요성은 이미 눈에 띄게 줄어들고 있답니다.

'문서' 하면 무언가가 인쇄되어 있는 종이들을 떠올리겠지만 그건 하나의 작은 방법일 뿐이랍니다. 어떤 형태의 정보도 문서가 될 수 있어요. 신문 기사도 문서이며, 넓은 뜻에서 TV 프로, 노래, 대화형 비디오 게임도 문서의 범주에 들어가지요. 모든 정보가 디지털 형태로 저장될 수 있으므로 정보고속도로 위에서 문서는 검색과 저장, 전송*이 모두 편리해질 거예요. 종이가 감당할 수 있는 내용은 그림이나 사진을 곁들인 글이에요. 그런 수준을 넘어서는 정보는 전할 수가 없답니다. 그러나 디지털로 저장될 미래의 문서는 화상, 음향, 대화를 위한 프로그래밍 명령, 애니메이션 등을 모두 담을 수 있게 돼요.

　정보고속도로에서 전자 문서는 종이가 결코 하지 못하는 일을 해낼 거예요. 정보고속도로의 강력한 데이터베이스 기술 덕분에 이런 문서들을 사전처럼 만들면 검색하는 작업이 한결 쉬워지지요. 문서 전달에 드는 노력이나 비용도 엄청나게 줄어들 것이고요. 쉽게 말해서 이 새로운 디지털 문서는 사람들에게 새로운 가능성을 열어 주면서 수많은 종이 문서를 밀어 낼 거예요.

　컴퓨터 기술과 화면 기술이 꾸준히 발전하게 되면 언젠가 사람들

▲ CPU(central processing unit)
컴퓨터의 심장인 중앙처리장치.

은 오늘의 책처럼 가볍고 보편화된 전자책(e-book)*을 갖게 될 거 예요. 지금의 책과 엇비슷한 크기와 무게를 가질 전자책의 케이스 안에는 고해상도의 글, 그림, 비디오를 보여 주는 화면이 있게 되겠 지요. 여러분은 손가락이나 목소리로 명령해서 원하는 대목으로 얼 마든지 건너뛸 수 있고, 심지어 전자책을 통해 네트워크 안에 있는 다른 문서에도 접근할 수 있답니다.

글, 그림, 비디오 중에서 글은 저장하기가 더 쉽지요. 디지털 형 태로 변환했을 때 공간을 더욱 촘촘히 이용하기 때문이에요. 그림 한 장이 천 마디 말과 맞먹는다는 옛말은 디지털 세계에서도 그대 로 통한답니다. 화면이 매우 깨끗하고 크기가 큰 사진은 글보다 훨 씬 많은 공간을 차지하고, 동영상은 그보다 더 많은 공간을 차지하 지요. 공간은 많이 차지하지만 이런 데이터를 파일로 전달하는 데

드는 비용은 매우 쌀 거예요.

컴퓨터가 일단 정보고속도로에 연결되면 한 편의 영화를 수많은 사람이 동시에 볼 수 있게 될 거예요. 엄청난 사람이 한꺼번에 몰려 들어서 속도가 느려진다면 이것을 막기 위해 여러 편을 복사해서 지역별 서버*에 나눠 줄 수도 있어요. 정보고속도로에 접속한 사람들을 지역별 서버로 나눠서 영화를 보게 해 주면 되니까요. 이렇게 되면 현재 하나의 비디오 대여점에서 인기 있는 영화를 빌려 보는 비용 정도면 한 대의 서버가 수천 명의 고객에게 동시에 영화를 보여 줄 수 있게 되지요. 각 사용자가 추가로 부담해야 할 비용은 그저 디스크 저장 공간을 잠시 사용하는 것과 통신료, 때로는 저작권*료의 일부분 정도가 되겠지요. 게다가 사용자가 많아지면서 그 가격은 갈수록 싸질 거예요. 그래서 결국 한 사용자가 추가로 부담하는 비용은 거의 들지 않을 거예요.

한 종류의 문서를 대량*으로 복사해야 할 때 우린 인쇄기를 사용하지요. 덕분에 좋은 책들을 쉽게 사서 볼 수도 있고요. 그런데 몇몇 사람들만 보면 되는 문서는 어떻게 해야 될까요? 적은 양의 문

* 서버
다른 컴퓨터가 요청하는 정보를 보내 주는 등 중심 역할을 하는 컴퓨터.

* 저작권
문학, 예술, 학술 분야에서 창작한 결과물에 대해 저자가 행사할 수 있는 권리.

* 대량
매우 많은 분량 또는 수량.

*등사기
똑같은 글이나 그림을 찍어 낼 때, 등사 원지를 줄판 위에 놓고 내용을 철필로 긁거나 그린 다음 틀에 끼워서 그 위를 등사 잉크를 바른 롤러로 밀어서 찍어 내던 예전의 인쇄기.

서를 책으로 엮기 위해서는 별도의 기술을 사용하지요. 한두 편을 복사할 때는 복사 용지를 사용해요. 예전에 사용하던 등사기*도 있고, 적은 양을 인쇄할 수 있는 인쇄 기구가 없는 것도 아니지만 그런 기구를 쓰려면 원고를 작성할 때부터 용도에 맞게 편집을 하는 등 세심한 주의가 필요해서 매우 번거로웠지요.

한편, 인터넷의 전자 게시판은 한 가지 분야만 다루는 게 아니라 별의별 종류를 다 취급해요. 어떤 내용은 심각하기도 하고 어떤 것은 재미있기도 해요. 누군가 재미난 내용을 전자 게시판에 보내면 어김없이 반응이 빗발치지요. 1994년 말 마이크로소프트 사가 가톨릭 교회를 인수하려 한다는 거짓 보도가 나갔을 때 바로 그와 비슷한 사태가 벌어졌어요. 마이크로소프트 사 내의 전자우편 시스템에는 수천 건의 조회가 들어왔지요. 회사 안팎에서 빌 게이츠에게 그 기사를 보내 준 친구나 동료가 수십 명이 넘었거든요.

역사적으로 인쇄기가 발명되면서 대량 출판이 가능하게 되었고, 글을 모르는 사람들이 없어지면서 사람과 사람 사이에는 편지를 주고받게 되었지요. 그런데 전자 통신은 거꾸로 발전했어요. 처음에

는 아주 작은 집단을 위해서 통신이 필요했어요. 그러나 지금은 온 갖 종류의 정보를 취급할 뿐 아니라 거리가 아무리 멀어도 가능하고, 규모가 크거나 작아도 관계 없이 사용할 수 있어요. 가격도 아주 저렴한데다 이런 장점 때문에 수백만 명이 함께 쓰게 되었어요. 사람들은 앨범이나 영화를 직접 만들어 정보고속도로를 통해 친구들이나 가족에게 보낼 수 있답니다.

빌 게이츠는 시간이 나면 컴퓨터로 특별한 축하 카드나 초대 카드를 즐겨 만들었어요. 가령 생일 축하 카드에 때때로 과거의 즐거운 추억을 떠올리게 만드는 사진들을 덧붙여서 의미 있는 카드를 만들었지요. 아마 미래에는 불과 몇 분만 작업하면 움직이는 영화 장면들도 카드에 넣어서 만들 수 있을 거예요. 사진, 비디오를 이용해서 이야기하듯 대화하는 카드를 만들 수도 있겠지요. 또한 지금도 활발하게 이용하는 홈쇼핑도 멀티미디어 형식으로 더 다양하게 이루어질 거예요. 연인들은 감동받은 글귀나 옛날에 함께 본 영화의 한 장면, 아끼는 노래를 하나로 엮어 서로 주고받을 수도 있을 거예요.

일할 맛 나는 마이크로소프트 사

1986년 3월 뉴욕 증권 거래소*에 불이 붙었어요.
'마이크로소프트 2천 주 매입.'

* 증권 거래소
증권을 사고파는 장소.

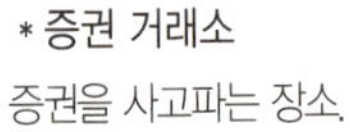

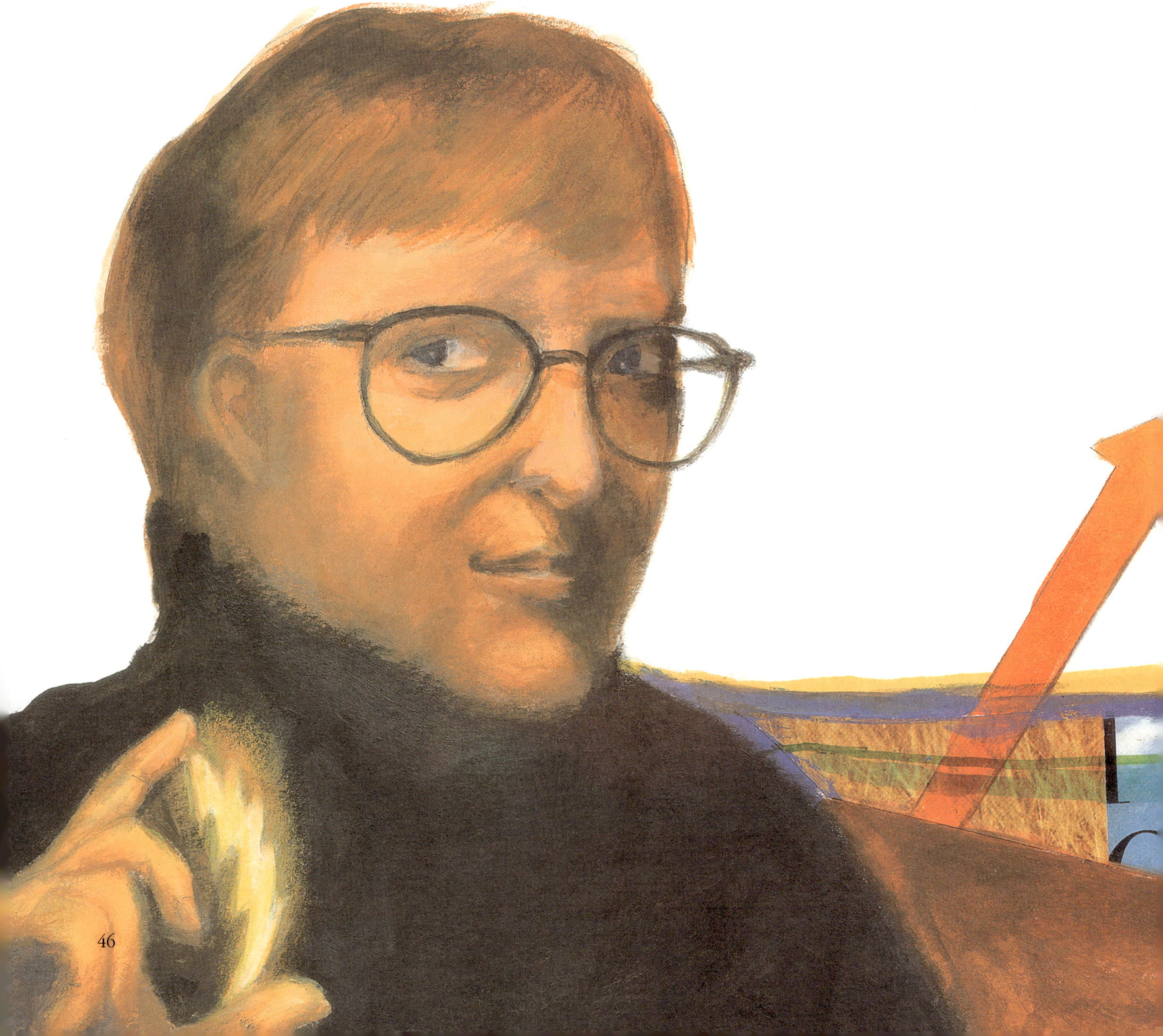

'마이크로소프트 5천 주 매입.'

'마이크로소프트 8천 주 매입.'

눈 깜짝할 사이에 마이크로소프트 사의 주식은 3백만 주 이상이 거래되었어요. 상장 회사*가 된 지 1년 만에 1주당 27.75달러에서 90.75달러로 주가가 뛰면서 빌 게이츠는 그야말로 억만 장자가 되었답니다.

드디어 빌 게이츠는 본사를 설립하고 자리를 잡았어요.

"모든 직원들에게 최대한의 자유를 보장한다. 최대한의 성과를 거두는 직원에게는 최대한의 대우를 해 주겠다."

빌 게이츠는 회사 경영 방침을 '일할 맛 나는 곳' 으로 정했어요.

빌 게이츠는 새롭게 도전했어요. 다음 세대 운영 체제인 GUI를 만들겠다는 계획을 세운 거예요.

1980년대 매킨토시는 '맥OS' 라는 이름으로 윈도의 원형격인 운영 체제를 훨씬 이전부터 사용하고 있었어요. GUI는 현재 사용하

▶ 마이크로소프트 사 전광판 앞에 앉아 있는 빌 게이츠의 모습.

는 윈도 창과 유사하다고 생각하면 된답니다.

결국 1990년에 빌 게이츠는 윈도 3.0을 개발해서 판매하기 시작했지요. 윈도를 개발한 후의 파장은 엄청났어요.

그러한 공로로 1992년 6월에는 부시 대통령에게 국가 기술상을 받기도 했어요.

결국 마이크로소프트 사는 1993년 1월, 세계에서 제일가는 컴퓨터 산업 회사가 되었어요.

이제는 컴퓨터에 고성능, 고능력을 요구하게 됐어요. 덕분에 컴퓨터의 하드웨어는 급속도로 발전하게 되고 드디어 IBM 계열의 개인용 컴퓨터도 GUI 체제의 윈도를 보편적인 운영 체제로 사용하게 되었답니다.

일하는 데만 빠져 있던 빌 게이츠는 1994년 멜린다 프렌치와 결혼했어요.

빌 게이츠는 멈추지 않고 계속 프로그램을 개발하여 1995년 8월에는 윈도 95를 세상에 내놓았어요. 개인용 컴퓨터 운영 체제를 완전히 뒤바꾸는 프로그램이었지요. 결국 판매를 시작하자마자 4일 만에 전세계적으로 100만 개 이상을 판매하는 신기록을 세우기도 했답니다.

마이크로소프트 사는 윈도 등의 컴퓨터 운영 체제뿐만 아니라 마이크로소프트 오피스 등 종합 소프트웨어를 개발해서 판매하고 있어요. 게다가 인터넷 익스플로러*도 개발했지요. 1995년 8월, 버전 1.0을 발표하고, 1996년부터 마이크로소프트의 운영 체제인 윈도에 기본적으로 설치해서 판매했어요. 이후 1997년 8월에 발표된 버전 4.0부터는 컴퓨터를 기본적으로 통합 관리하는 사용자 인터페이스로 활용되기 시작했어요.

결국 컴퓨터를 사면 컴퓨터 안의 프로그램이 마이크로소프트 사에서 개발한 소프트웨어로 가득 찬 상태로 판매되어 사람들은 거의 마이크로소프트 사의 제품을 이용하고 있답니다.

윈도는 거의 해마다 기능을 고쳐서 다시 판매를 하고 있어요. 1998년에는 윈도 98, 2000년에는 윈도 ME와 윈도 2000을 개발했고 2002년에는 윈도 XP를 개발해서 판매하고 있어요.

그런 결과, 미국 갑부 제1위에 선정되기도 하는 부자가 되었어요.

요즘 사람들은 멀리 떨어져 있는 사람들과 의사 소통*을 하려면 전화, 편지, 팩시밀리, 이메일, 문자 메시지를 이용하고 있지요. 그중에서도 컴퓨터로 대화할 수 있는 방법은 더 다양해졌어요. 하지만 빌 게이츠가 창업한 당시에는 컴퓨터 간의 대화 방법이 매우 제한돼 있었답니다.

빌 게이츠는 지금까지 개발해 왔던 개인용 컴퓨터가 갖고 있는 장점을 생각했어요. 그리고 컴퓨터를 이용해서 사람과 사람 간에 서로의 생각을 나눌 수 있으면 좋겠다는 생각을 했어요. 빌 게이츠의 또 다른 상상력이었지요.

'개인용 컴퓨터끼리 통신 길을 놓는 거야. 통신용 소프트웨어를 모뎀으로 연결시키면 가능할 거야.'

▲ 마이크로소프트 오피스
마이크로소프트 사에서 개발한 업무용 소프트웨어의 명칭. 위 사진은 마이크로소프트 사에서 개발한 2003년 오피스예요.

* 인터넷 익스플로러
웹 브라우저로 월드 와이드 웹(www)에서 정보를 열람할 수 있게 해 주는 검색용 프로그램이에요.

* 의사 소통
각자 가지고 있는 생각이나 뜻을 서로 통하게 전하고 받음.

빌 게이츠는 전화선을 이용한 통신 회선으로 정보고속도로를 놓았어요. 그러나 그건 아날로그 방식이라 전화선이 있어야 했어요.

'모두 디지털로 바꾸면 어떨까? 그럼 반드시 전화선을 사용하지 않아도 될 테지.'

좋은 생각이었어요. 하지만 그건 전국, 전세계의 모든 통신 기기를 바꿔야 하는 엄청난 공사였어요. 비용 또한 어마어마한 규모였지요. 그래서 생각을 바꿨답니다.

'광 케이블이나 통신 위성*을 이용하자.'

광 케이블과 통신 위성은 새로운 정보고속도로의 기초를 놓는 공

*통신 위성

매우 먼 거리 사이에 전파 통신을 중계하는 데 이용되는 인공위성.

사였어요. 빌 게이츠는 잊지 않고 그것을 머리에 새겨 놓았답니다.

▲슈퍼컴퓨터 크레이(cray).

개인용 컴퓨터, 멀티미디어 CD-ROM 소프트웨어, 고성능 케이블 TV 네트워크, 유무선 전화망, 인터넷은 모두 정보고속도로의 중요한 기초 공사 같은 거예요. 이들 하나하나에서 미래의 모습을 상상할 수 있지요. 빌 게이츠는 이 모두를 합했을 때 어떻게 응용될 수 있을지 늘 생각했어요. 그러나 실제 정보고속도로란 이 중에서 어느 것도 아니지요.

정보고속도로의 건설은 거대한 사업이에요. 광 케이블, 고속교환기, 서버 같은 기본 사항이 만들어져 있어야 하고, 거기에 소프트웨어 플랫폼을 개발해야 하기 때문이지요.

▲1975년 근대 컴퓨터의 기원을 이룬 크레이 2.

"투자를 하십시오. 분명히 성공할 것입니다."

투자할 만한 회사에 정보고속도로 사업에 대해 설명하면 반응은 한결 같았어요.

"그래도 설마⋯⋯. 그게 가능하겠어?"

정보고속도로가 정말로 원활하게 돌아가고 있고, 소비자가 새로운 응용 소프트웨어를 일부러 구입할 만큼 흥미를 가지고 있다는 확신이 서기 전에는 이 사업은 황당하게 보였지요. 그러니 아무도 돈을 투자하려 들지 않았어요.

주문형 비디오를 포함해서 소비자가 TV 시청료로 내는 돈을 모두 투자한다 해도 정보고속도로를 건설하기에는 턱없이 부족하지요. 건설비를 충당하기 위해서는 투자가들에게 새로운 서비스가 현재의 케이블 TV 사업만큼 이윤이 남는다는 확신을 심어주어야 했어요.

빌 게이츠는 정보고속도로의 미래가 밝다고 보았어요. 지난 몇 년 동안 급성장한 인터넷만 보아도 처음에는 아무도 이토록 많이 활용하리라고는 생각하지 못했어요. 그러니 앞으로도 정보고속도

▶ 빌 게이츠가 로스앤젤레스에서 열린 전문개발업자회의(PDC)에서 자사의 차세대 윈도인 롱혼을 공개하며 연설하는 모습.

*프로토콜
컴퓨터와 컴퓨터 또는 컴퓨터와 중앙 컴퓨터 사이에 잘 대화하기 위해 지켜야 되는 통신 약속.

로의 각종 응용 소프트웨어는 더욱 폭발적인 인기를 누리면서 막대한 이윤을 창출하리라고 생각했어요.

'인터넷'은 표준화된 '프로토콜'*, 곧 정보를 교환하는 공통의 약속 아래 서로 연결된 컴퓨터 집단을 가리키는 말이지요. 정보고속도로가 완성되려면 아직 멀었지만 인터넷은 현재로서는 거기에 가장 근접한 형태를 보여주고 있어요. 그러니 장기적으로는 정보고속도로로 꾸준히 발전해 갈 거예요.

인터넷을 비롯해 전화망을 통해 이루어지는 각종 정보 서비스는 정보고속도로가 어떻게 운용될 것인지를 어느 정도 짐작할 수 있게 하지요. 사람들이 메시지를 보내게 되면 컴퓨터에서 나온 메시지가 전화선을 통해 '편지함'을 갖고 있는 서버로 보내지게 될 거예요. 거기서 다시 편지함을 보관하고 있는 다른 서버로 직접 또는 간접적으로 보내지고요.

전화망이나 사내 컴퓨터망을 통해 서버에 접속할 경우 메시지를 포함하여 편지함에 있는 내용물을 가져 올 수도 있어요. 즉, '다운로드(download)'를 할 수 있지요. 그것이 전자우편의 원리예요. 하나의 메시지를 동시에 여러 사람에게 보낼 수도 있고, 나아가서는

‘게시판’에 공개할 수도 있어요.

한 기업이나 개인에 관한 정보를 담은 중심 페이지를 ‘홈페이지’라고 부르지요. 홈페이지를 만들어 전자주소를 등록하면 인터넷 사용자들은 그 주소를 두드려 홈페이지에 접속할 수 있어요. 인터넷을 사용하다 보면 광고에서 광고주가 문의처에다 자신의 홈페이지 주소를 넣은 것을 자주 보게 되지요?

웹 서버를 구축하는 소프트웨어는 가격도 저렴한데다 거의 모든 종류의 컴퓨터에 이용할 수 있어요. 웹을 공부하는 데 필요한 소프트웨어 또한 어떤 컴퓨터에서든 이용할 수 있고 또 대개는 무료이지요. 앞으로 운영 체제는 인터넷 접속 기능을 갖게 될 거예요.

기술면에서 인터넷이 갖고 있는 숙제는 실시간*으로 내용을 어떻게 처리할 것이냐 하는 거예요. 인터넷에서는 데이터가 이동하는 속도가 모두 같을 수는 없어요. 네트워크가 얼마나 혼잡하고 바쁜가에 따라 얼마나 빨리 전달할 수 있는가가 결정되기 때문이지요.

과학 기술자들이 다양한 방법으로 연구한 끝에 질 좋은 쌍방향 오디오와 비디오 전달이 가능해졌지요. 소리와 화면을 충분히 살려내려면 네트워크에 큰 변화가 있어야만 해요. 당분간은 연구 기간이 필요하니 획기적인 변화를 기대하기 어려울 거예요.

과거의 전쟁은 누가 더 좋은 무기를 갖고 있느냐에 따라 승패가 결정되었지만, 오늘날의 전쟁은 개인용 컴퓨터를 가진 고등학생이 풀 수 있는 수준의 암호를 그 나라가 해독할 능력이 있는가, 없는가에 따라 승패가 갈리지요.

머지않아 컴퓨터로 초등학생이 만든 암호를 지구상의 어떤 나라도 풀 수 없게 되는 시대가 올 거예요. 컴퓨터의 환상적인 발전이 얼마나 큰 힘을 갖고 있는지를 여기서도 확인할 수 있지요.

정보고속도로를 통해 메시지를 보내면 그 메시지는 자신만이 사

* 실시간
매 순간 그때그때.

용할 수 있는 디지털 서명으로 컴퓨터나 정보 가전품에 의해 '승낙'될 거예요. 암호화된 메시지는 보내려고 했던 사람만이 해독할 수 있지요. 음성이든, 화상이든, 디지털 화폐든, 어떤 종류의 정보라도 그런 식으로 보낼 수 있어요.

메시지는 약속된 시간에 정확히 받게 되고, 시간이 정확하면 메시지가 발송되는 사이에 조금도 손상*되지 않고 다른 사람들은 이 메시지를 보지 못했다는 걸 확신할 수 있을 거예요.

개인용 컴퓨터 혁명이 준 가장 큰 혜택은 사람들에게 힘과 용기를 주었다는 점이에요. 정보고속도로가 뚫리면 통신비는 매우 저렴*하면서도 지금까지의 컴퓨터 혁명이 주었던 힘과 비교할 수 없을 만큼의 큰 힘을 줄 거예요.

이 혜택을 받는 사람은 반드시 컴퓨터나 정보고속도로의 기술을 잘 아는 사람들만이 아니에요. 더 많은 컴퓨터가 큰 네트워크로 연결되어 우수한 응용 소프트웨어들을 개발할 수 있는 환경이 만들어져서 결국 모든 사람들은 이 세상에 있는 대부분의 정보에 접근할 수 있게 될 거예요.

*손상
물건 등이 깨지거나 상함.

*저렴
가격이 쌈.

손가락 하나로 모든 정보를

　마이크로소프트 사는 '손가락 하나로 모든 정보를' 이라는 목표를 가지고 이동 통신* 분야에 적극적으로 투자하면서 일하고 있어요. 2000년대 초반부터는 인공위성을 이용한 글로벌* 통신망을 구축한다는 야심찬 계획을 추진하고 있지요. 빌 게이츠의 엉뚱한 상상은 언제나 현실화되었듯이 머지않은 날 이러한 그의 야심찬 계획이 실현될 거예요.

　1980년 초에 비디오는 생활에 많은 변화를 주었어요. 테이프를 넣고 버튼을 누르기만 하면 원하는 프로를 나중에도 얼마든지 볼 수 있게 해 주었지요. 사람들은 방송시간에 구애받지 않고 자신의 시간에 맞추어서 보고 싶었던 프로를 자유롭게 볼 수 있는 여유를 누리게 되었어요. TV 프로를 녹화하거나 자동응답장치로 전화를 받는 일이 가능해지면서 사용자 마음대로 통신을 사용할 수 있게 된 것이지요.

　처음에 전기가 가정에 뿌리를 내린 건, 어둠을 밝혀 주기 위해서였어요. 하지만 얼마 안 가서 전기를 이용한 수많은 물건들이 쏟아지기 시작했어요. 전기 조리기구도 그 중의 하나이지요. 냉장고, 전기난로, 다리미, 식기세척기, 전기 공구, 헤어드라이어 등 사람들의 수고를 덜어 주는 각종 가전제품이 발명되었어요. 이제 전기는 사람들의 일상생활에 없어서는 안 될 필수품이 되었지요.

　통신도 마찬가지랍니다. 많은 가정에는 이미 두 개의 전용 통신 선이 들어와 있었어요. 전화선, 케이블 TV 선이지요. 이 통신 선들

* 이동 통신
움직이는 물체 사이 또는 움직이는 물체와 붙박인 물체 사이에 이루어지는 통신

* 글로벌
전세계 규모.

이 단일한 디지털 정보 시스템으로 통합되는 날이 정보고속도로가 실현되는 날이에요.

그렇다면 우리가 지니고 다니는 물건에는 어떤 것들이 있을까요?
열쇠, 손목시계는 필수품이겠지요. 그 밖에 교통카드, 메모지, 읽을거리, 사진, 돈 그리고 긴급할 때 도움을 청하기 위해 호루라기를 갖고 있을지도 모르지요.

어때요, 종류가 참 많지요? 주머니와 가방 곳곳에 넣어 두었던 물건들을 사용하려면 여기저기 뒤적거려야겠지요. 그렇다면 이걸 하나로 만들 수는 없는 걸까요? 있답니다.

PC* 지갑이라고 불리는 정보 가전품이에요. PC 지갑은 메시지와 일정을 알려주고 길을 안내해 주며 전자우편이나 팩스를 보내고 날씨 정보를 주고 복잡한 게임까지 즐기게 해 줄 거예요. 공부하거나 회의할 때 여기에 메모할 수도 있고 약속을 확인할 수도 있으며, 심심하면 이것저것 정보를 훑어 볼 수도 있고 사진 중에서 원하는 것을 마음대로 띄워 볼 수도 있어요.

여기서 더 나아가 상상해 보면, PC 지갑에는 현금이 담겨 있지는 않지만 결코 분실*되는 법이 없는 디지털 화폐가 들어 있을 거예요. 사람들이 지폐, 상품권 등의 종이 화폐를 사용하는 건 예전의 방법이에요. 하지만 화폐가 반드시 종이로 만들어져야 한다는 법은 없지요.

PC 지갑을 갖고 다니면 공항이나 극장, 은행, 관공서 등 신분을 증명해야 되거나 표를 내야 하는 곳에서 더 이상 길게 줄을 설 필요가 없어지지요. 공항의 탑승구를 통과하면서 PC 지갑을 체크하면 공항의 컴퓨터가 비행기표를 구입했는지 안 했는지를 확인할 수 있어요. 문이 잠겨 있을 때도 열쇠나 카드 따위는 필요 없게 되겠지요. PC 지갑이 자물쇠와 연결되어 있는 컴퓨터에 주인이란 걸 알려

* PC(personal computer)
개인용 컴퓨터.

*분실
물건 등을 잃어버림.

주게 되니까요.

　말을 하거나 키보드를 누르지 않고 손으로 글씨를 써서 컴퓨터에게 명령을 내리는 것이 더 편하다고 느끼는 사람도 있을 거예요. 마이크로소프트 사를 비롯해 많은 기업들은 몇 년 전부터 손으로 쓴 글씨를 읽을 수 있는 '필기* 해독* 컴퓨터'를 연구해서 사용하고 있어요. 빌 게이츠는 각기 다른 사람들이 쓴 글씨를 척척 알아볼 수 있는 소프트웨어가 빠른 시일 안에 개발될 것이라고 낙관해 왔어요. 그런데 알고 보니 대단히 까다로운 난점이 도사리고 있었어요. 개발과 관련된 사람들이 시험할 때는 멀쩡하게 잘 돌아가던 컴퓨터가 다른 사용자만 나타나면 번번이 말썽을 부렸거든요. 사람들이 무의식적으로 보통 때보다도 글씨를 또박또박 알아보기 쉽게 쓰고 있다는 사실을 뒤늦게 깨달았지요. 컴퓨터가 사람들에게 적응한 것이 아니라 사람들이 컴퓨터에 적응하고 있었던 것이지요.

　어느 날, 쓸 만한 프로그램을 완성했다고 생각한 연구팀이 그 성능을 보여 주기 위해 빌 게이츠를 찾아왔어요. 그러나 결과는 실패였어요. 연구팀에 속했던 사람들이 모두 오른손을 사용하는 사람들이어서 오른손으로 쓴 글

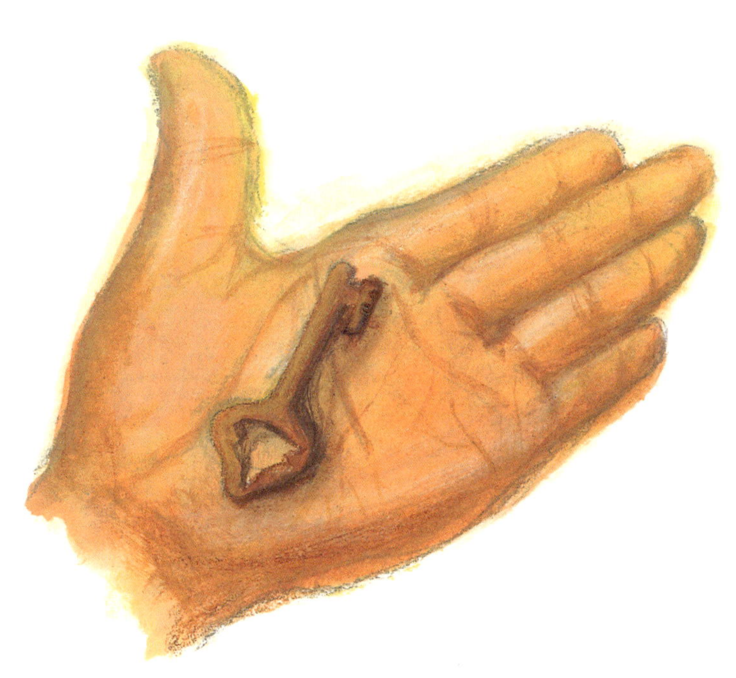

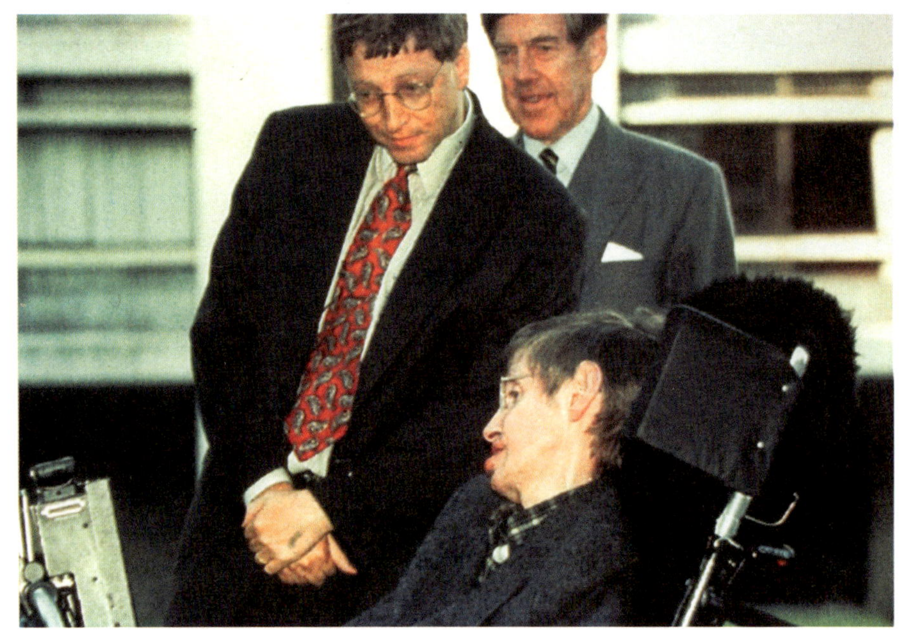

▶ 케임브리지 대학 방문 중 우주물리학자인 스티븐 호킹과 자리를 함께한 빌 게이츠.

씨체에만 길들여진 컴퓨터가 왼손으로 쓴 글씨를 알아보지 못했던 것이지요. 사람들은 글씨를 알아보는 컴퓨터를 만드는 것은 말을 알아듣는 컴퓨터를 만드는 것 못지않게 어렵다는 것을 깨달았어요. 그러나 컴퓨터의 성능이 나날이 향상되고 있으므로 언젠가 그런 능력을 갖춘 컴퓨터가 등장하리라고 믿었지요. 결국 현재 실제로 완벽하리만치 음성과 필체를 판독*하는 컴퓨터를 개발했으니까요.

*판독
어려운 문장이나 암호, 고문서 따위의 뜻을 이해해서 읽음.

어린이들은 병원에 가고 싶어하지 않아요. 그런데 꼭 병원에는 가야 하는 건가요? 의사도 꼭 찾아가 만나야 되는 걸까요?

만일 누군가 손가락이 부러진다면 '정보고속도로'의 소프트웨어를 이용해서 가장 가까운 정형외과를 찾아낼 수도 있고, 병원으로 가면서 미리 접수할 수도 있을 거예요. 지금처럼 번거롭게 진료신청서를 작성할 필요도 없지요. 병원 컴퓨터는 환자의 부상에 맞는 의사를 짝지어 줄 것이고, 그 의사는 정보고속도로 안의 서버로부터 환자의 의료기록을 받아 보게 될 거예요. 그 병원의 의사는 물론이고, 세계 전 지역의 권위 있는 의사나 전문의는 서버에 디지털 형

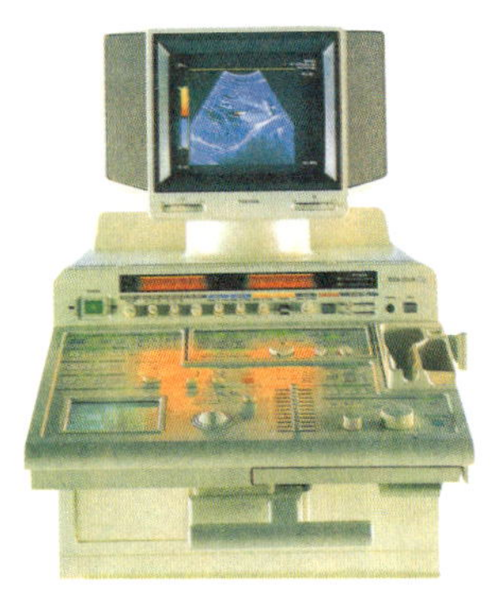

▲ 초음파 진단 장치.
미래에는 환자의 상태를 진단하는 방법이 지금과는 매우 다른 모습이 될 거예요.

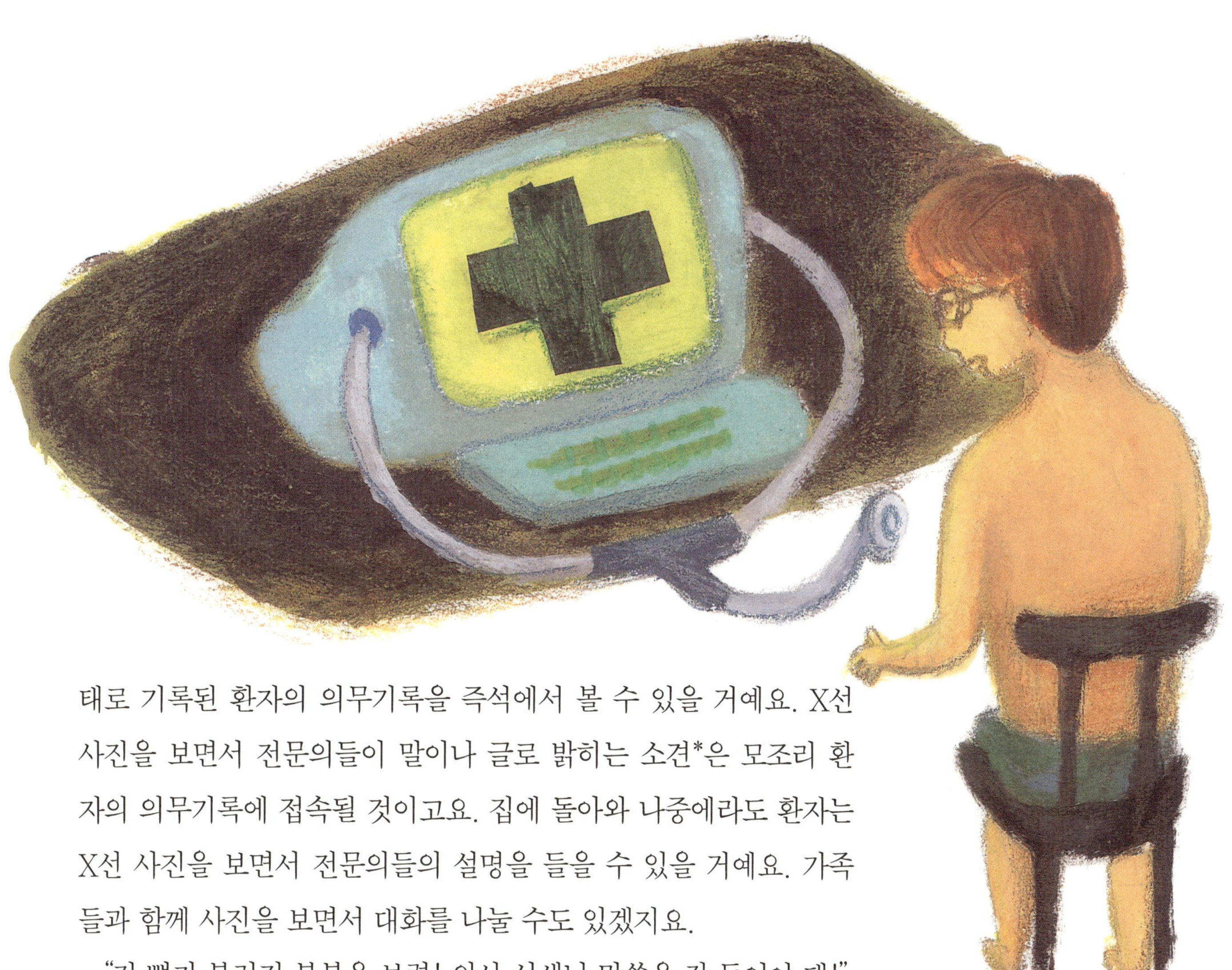

태로 기록된 환자의 의무기록을 즉석에서 볼 수 있을 거예요. X선 사진을 보면서 전문의들이 말이나 글로 밝히는 소견*은 모조리 환자의 의무기록에 접속될 것이고요. 집에 돌아와 나중에라도 환자는 X선 사진을 보면서 전문의들의 설명을 들을 수 있을 거예요. 가족들과 함께 사진을 보면서 대화를 나눌 수도 있겠지요.

"저 뼈가 부러진 부분을 보렴! 의사 선생님 말씀을 잘 들어야 돼!"

이렇듯 전기가 우리 생활에 들어온 이후 많은 전기 제품들이 늘어나서 사람들의 생활을 풍요롭게 만들어 주었고, 그 다음엔 통신망이 가정으로 들어왔지요. 과학 기술은 여기서 멈추지 않고 컴퓨터가 각 가정으로 들어왔어요. 그리고 컴퓨터를 활용한 편리함과 풍요로움이 다양하게 펼쳐지고 있지요.

하나의 과학 기술은 다른 과학 기술과 합해져서 끊임없이 새로운 과학 기술을 만들어 내지요. 현재의 과학 기술은 과거에 상상하던 것들이 실현된 거라고들 말하지요. 그렇다면 지금 우리가 머릿속으로 많은 것을 상상하면 그건 조만간 우리에게 다가오게 되지 않을까요? 그걸 만들어 내려 많은 사람들이 노력하게 되니까요.

*소견
어떤 일이나 사물을 살펴보고 가지게
되는 생각이나 의견.

어느 날, 빌 게이츠는 원대*한 계획을 세워 발표했어요.

"8백 개의 인공위성을 쏘아 올려 위성 통신망을 구축하고, 마이크로소프트 사가 인터넷을 접수하고…… 자, 보시오. 미래의 생활 모습을……"

빌 게이츠는 소설 속에나 나올 듯한 이야기를 가상*이 아닌 현실 이야기로 꺼냈어요.

"홈쇼핑, 주문형 비디오, 전자 출판, 화상 통신, 원격* 의료 시스템 등등 이 모든 게 손가락 하나로 이루어질 것입니다."

어떤 분야든 재능을 가진 사람이 적어도 한 명은 있기 마련이지요. 빌 게이츠는 야망과 가능성을 갖고 있지만 돈이 없고, 활용할 만한 환경을 갖지 못해 자기 뜻을 펴지 못한 인재들이 많을 거라고 생각했어요. 새로운 기술은 그런 사람들에게 자신의 뜻을 펼칠 수 있는 새로운 수단이 될 거예요. 정보고속도로는 자라나는 세대들에게 그 누구도 꿈꾸지 못했던 예술적, 과학적 기회를 열어 줄 거라고 기대하지요.

정보고속도로는 회사에서 일하는 데도 통신 면에서 큰 영향을 줄 것이라 생각됩니다. 개인용 컴퓨터는 이미 기업에 큰 영향을 주었어요. 기업 안의 PC와 기업 밖의 PC가 서로 연결되어 그 효과는 엄청났지요.

가령 어떤 고객이 전화를 걸어오면 그 고객에 대한 모든 정보가 모니터에 즉각 나타날 수 있겠지요. 이런 식으로 서비스하면 모든 면에서 이런 서비스를 받고 싶어할 거예요. 사용자가 원하는 정보를 컴퓨터에서 즉각 내놓지 못한다면 더 좋은 서비스를 해 주는 기업에 밀릴 것이고요.

자동차 회사들은 어떤 영업자이든 하나의 자동차에 대한 모든 기록을 쉽게 확인해서 반복되는 고장이 뭔지, 원인은 무엇인지를 알 수 있게 될 거예요.

기업은 인력 관리, 사업 계획, 영업 부서, 제품 개발 등 회사에서 이루어지는 모든 업무 과정을 네트워크나 전자 정보 도구를 이용해서 좀더 잘 관리할 수 있지요.

현재 기업은 전자우편이 일하는 데 많은 도움을 주고 있어요. 만약 화상 회의까지 일반화된다면 일하는 데 더욱 편리하겠지요.

약속 시간을 정하는 것도 쉬워질 거예요. 가령 변호사를 만나려할 때, 만나려는 양쪽 사람의 약속 프로그램이 네트워크를 통해 교신하여 두 사람이 모두 약속이 없는 날짜와 시간을 골라내 주겠지요. 그 날짜와 시간은 각자의 전자 달력에 자동으로 나타나고요.

*우열
우수함과 그렇지 못함.

*재택 근무
회사와 통신 회선으로 연결된 정보통신 기
기 등을 이용하여 사무실에 출근하지 않고
자기 집에서 회사의 업무를 보는 일.

또한 식당이나 극장, 기차표 등의 예약도 한결 쉽게 도와줄 수 있
어요. 예약 프로그램에다 일정한 조건을 갖춘 식당이나 극장을 찾
아달라고 지시할 수도 있겠지요.

누군가가 의사에게, 효능은 비슷하지만 상표가 다른 약품을 사
먹어도 괜찮은지 묻고 싶어 의사에게 전자우편을 보낼 경우 그 의
사가 통신 수단을 효과적으로 사용하는 병원의 의사라면 답변은 즉
각 오겠지요. 결국 통신을 잘 사용하느냐 아니냐에 따라 전문가 집
단의 우열*이 판가름나게 될 거예요.

사무실에서는 직원의 근무 시간이 출근 시간부터 퇴근 시간까지
이지만 재택 근무*자는 실제 일을 하는 동안만 근무하는 것으로 계
산되겠지요. 아기가 울기 시작하면 엄마나 아빠는 '비업무' 표시를
해 놓고 아기를 보살필 거예요. 그 시간은 봉급이 없는 것이지요.
다시 일할 상황이 되면 재택 근무자는 '업무' 신호를 내보내면 네
트워크는 그가 처리해야 할 일을 다시 보내기 시작하겠지요.

이렇게 되면 회사의 시간제 근무와 업무 분담이 새로운 의미를
갖게 될 것이고, 기업이 사용하는 사무실 수량도 줄어들겠지요. 근
무 시간이 서로 엇갈리는 여러 사람이 한 사무실을 같이 쓸 수도 있

어요. 공동 사무실의 컴퓨터, 전화기, 디지털 게시판은 그날 근무하
는 사람에 맞게 매일매일 구성이 바뀌겠지요. 오전에는 사무실 게
시판에 오전 근무자의 달력, 가족 사진, 좋아하는 만화가 나타났다
가 오후가 되면 다른 근무자의 사진이나 메모가 나타날 거예요. 근
무자는 어디를 가건 자신에게 낯익은 환경을 디지털 게시판과 정보
고속도로의 도움을 받아 만들어 낼 수 있을 거예요. 이렇게 되면 상
사가 직원을 감시할 필요도 없겠지요. 결국 기업의 조직 형태 자체
가 본질적으로 재검토될 것이고 사무실에서 정식으로 근무하는 간
부와 외부 직원들, 다른 기업 사이의 역학* 관계나 균형도 다시 조
정될 거예요.

　이 중요한 변화들이 현실 속에 반영되려면 최소한 몇십 년은 걸
릴 거예요. 사람들은 자기에게 익숙한 것을 고집하는 경향이 있기
때문이지요. 사람들은 여간해서는 자기에게 낯익은 방식을 바꾸려
고 하지 않아요. 그러나 기술은 사람들이 마음의 준비를 끝낼 때까
지 기다려 주지 않지요. 곧 근무 방식, 근무지, 선택하는 회사, 선택
하는 주거지*에 중대한 변화가 나타나기 시작할 거랍니다.

미래는 상상하는 사람의 것

"세계의 시장을 한눈에 알아볼 수 있게 프로그램을 개발하시오."
빌 게이츠는 한 나라의 시장만 생각하지는 않았어요. 가만히 집에 앉아서도 세계의 시장을 알아볼 수 있는 프로그램이 필요하다고 생각했지요. 그건 획기적인 사건이었어요. 전 세계에서 판매되는 모든 물건을 구경하고 비교하고, 때로는 기호*에 맞게 주문할 수 있을 거예요.

무언가를 사고 싶으면 컴퓨터에게 가장 믿을 만한 곳에서 적당한 가격에 판매하는 곳을 찾아내라고 지시할 수 있어요. 누구나 여러 판매처의 컴퓨터와 '흥정'을 하라고 컴퓨터에게 명령할 수도 있을 거예요. 판매자나 제품, 서비스에 관한 정보는 정보고속도로에 접속된 컴퓨터를 통해 손쉽게 받아볼 수도 있을 것이고요.

전세계에 분포된 서버들은 양측의 가격을 받아서 거래*를 성사시키고 인증*과 보안*을 책임지며 대금 지불*을 비롯한 각종 자질구레한 업무를 알아서 처리할 거예요. 즉, 사람들은 쓸데없는 낭비를 하지 않아도 되고 판매하는 사람과의 마찰도 줄어든 새로운 시장이 만들어지는 것이지요. 그 시장에는 정보는 흘러넘치지만 거래 비용은 대폭 줄어드는, 말 그대로 소비자의 천국이 되는 셈이지요.

＊기호
좋아해서 즐김.

＊거래
사고팔거나 주고받는 행동.

＊인증
어떠한 문서나 행위가 정당한 절차로 이루
어졌다는 것을 공적 기관이 증명하는 것.

＊보안
안전을 유지함.

＊대금 지불
물건값을 치름.

* 제조업체
원래 재료를 이용해서 제품을 만드는 회사.

정보고속도로에서는 많은 물품에 대한 각각의 정보를 제조업체*로부터 직접 받아 볼 수 있어요. 판매자는 사람들의 관심을 끌기 위해 기발한 아이디어를 동원해서 광고하셨지요.

제품 선전은 오늘날의 TV 광고, 잡지 광고, 자세한 상품 안내서들을 결합한 복합적인 형태가 될 것 같아요. 어떤 광고를 보고 제품에 관심이 간다면 그 자리에서 자세한 정보를 얼마든지 요청할 수 있어요. 정보고속도로를 통해 광고주가 공개하는 모든 정보를 볼 수 있고, 그 정보는 비디오, 오디오, 문자가 결합된 일종의 제품 설명서 같은 것이 되겠지요.

어떤 기업과 기래하려 한다거나 어떤 물건을 사려 할 때는 다른 사람들의 생각을 들을 수도 있어요. 가령, 냉장고를 사고 싶은 경우 냉장고에 대한 평가, 냉장고를 만든 회사, 판매하는 대리점에 대한 공식, 비공식 평가를 전자 게시판에서 찾아볼 수 있어요.

결국 사람들은 어떤 물품을 구입해야겠다고 마음먹으면 우선 전자 게시판에서 다른 사람들의 생각을 반드시 확인하게 될 거예요. 전자 게시판은 소문의 새로운 '입'이 된 거예요. 그래서 고객을 만족시키지 못하는 기업은 평판*과 매상*이 모두 떨어지겠지요. 반면에 성실한 기업은 이 '입'을 든든한 후원자로 삼게 되는 거랍니다.

기업들은 영화나 드라마에 자기 제품을 끼워 넣는 것뿐만 아니라 그 자리에서 곧바로 우편 주문을 하거나 가까운 대리점에 접속하여 주문할 수도 있겠지요. 영화의 주인공이 머리에 쓰고 있는 모자가 마음에 들어 사고 싶으면 영화를 멈추고 모자에 대해 자세히 알아볼 수 있고, 곧바로 살 수도 있어요. 영화에 그런 정보를 연결시키면 되지요. 혹은 그 장면에 표시를 해 두었다가 나중에 거기로 돌아가서 알아볼 수도 있어요. 영화에 나오는 관광지의 호텔이 마음에 들면, 그 호텔의 위치와 숙박비를 알아보고 예약까지 할 수 있어요.

정보고속도로에서는 모든 제품을 비디오로 볼 수 있어서 예약하려는 호텔의 모습을 미리 볼 수도 있고, 주문한 꽃이 기대했던 것과 다를까 봐 마음 졸이지 않아도 되지요. 꽃꽂이하는 비디오를 보다가 마음이 달라지면 장미를 아네모네로 바꿀 수도 있어요. 옷을 구입할 때도 체형에 맞는 옷을 고를 수 있을 뿐 아니라 본인이 갖고 있는 다른 옷들과 잘 어울리는지도 살펴볼 수 있어요.

집을 팔려고 한다면 사진, 비디오, 설계도, 세금 영수증, 각종 공과금 납부 영수증을 공개하고 거기에 잔잔한 배경 음악까지도 덧붙여서 내놓을 수 있어요. 정보고속도로에서는 모든 정보를 누구나 쉽게 찾을 수 있으므로 광고가 많은 사람의 관심을 끌 수 있어요.

광고 메시지들은 각종 전자우편과 함께 다양한 공간에 저장되지요. 컴퓨터에 그것을 분류하도록 지시하고 친구나 가족이 보내온 우편은 따로 한 공간에 모으면 되죠. 사적인 일이나 기업 운영에 관련된 우편 문서는 또 다른 공간에 정리될 거예요.

창의적이고 민첩한 여행사들은 단순히 예약만 받는 것이 아니라 좀더 전문적으로 준비해야 될 거예요. 아프리카로 떠난다고 가정하면 사람들은 케냐까지 가는 가장 싼 비행기표를 스스로 구입할 수

* 평판
세상 사람들의 비평, 평가.

* 매상
상품을 파는 일.

있으니 여행사는 그 밖의 정보를 제공할 수 있어야 해요. 가령 동아프리카 여행만을 전문적으로 취급하는 여행사가 있다면, 다른 여행자들이 특별히 좋아했던 곳을 소개한다든가, 얼룩말 무리를 보고 싶거든 케냐보다는 탄자니아로 가는 게 좋다는 식의 조언을 할 수 있어야 해요. 어떤 여행사들은 밖으로 나가는 여행자가 아니라 안으로 들어오는 여행자를 전문적으로 상대할지도 모르지요.

산업은 끝없이 변화하고 있어요. 사람들은 자기가 하는 일에 새로운 것을 덧붙이지 못하면 직종을 바꾸게 되겠지만, 새로운 가치를 창출해 낸 사람들은 치열한 경쟁에서 밀려나지 않을 거예요.

정보고속도로는 서비스, 교육, 도시 문제 등에서 필요로 하는 정보가 많으므로 새롭게 생겨날 수 있는 일자리 수도 무궁무진하지요. 정보고속도로를 운영할 노동력도 무시할 수 없을 거예요.

이처럼 정보고속도로는 갖가지 새로운 직업 종류를 낳게 되고, 거대한 정보를 모든 사람의 손끝에 놓아 주는 귀중한 직업 훈련장이 될 거예요. 직업을 바꾸고 싶은 사람은 컴퓨터의 자문을 얻어 최고의 교재, 최고의 강의에 접할 수 있어요. 교과 과정을 이수*하는 데 필요한 각종 시험과 요건, 자격증에 관한 정보를 구할 수 있고, 직업을 바꾸는 사람이 많아지면 다소의 혼란은 있겠지만, 이런 변화는 전체적으로 사회에 보탬이 될 거예요.

그렇다면 미래의 학교는 어떨까요?

건물과 운동장이 있을까요? 선생님은 계실까요? 컴퓨터가 발달

* 이수
해당 학과에 해당되는 과목을
순서대로 공부하여 마침.

하면 이런 것들이 없어질지 모른다는 생각을 하게 됩니다.

　그런데 정보 기술*은 선생님과 얼굴을 마주보고 교육하는 데서 얻을 수 있는 인간적인 면을 없애 버릴 거라고 걱정들을 해요. 그러나 아이들이 컴퓨터 앞에 모여 앉아 공부하거나 태평양을 사이에 두고 이 나라 학생과 저 나라 학생이 토론을 벌이는 모습을 지켜본 사람이라면 정보 기술이 교육 환경을 얼마나 인간적으로 만들어 줄 수 있는지를 피부로 느낄 거예요.

　정보화 기술이 교사의 일자리를 빼앗을 거라고 걱정하는 사람들도 있어요. 하지만 정보고속도로는 미래를 짊어질 사람을 키우는 데 필요한 교육 관련 전문가와 학생들을 몰아내지 않아요. 오히려 선생님의 중요성은 더 강해지지요. 컴퓨터 앞에 앉아 학생들이 토론을 할 때 방향을 이끌어 주실 분은 열정적인 교사, 창조적인 교육 행정가, 적극적인 부모, 부지런한 학생 등이지요. 단, 미래의 교사는 정보 기술을 잘 알고 다룰 수 있어야 할 거예요.

　교실은 여전히 교실로 남아 있겠지만 교육의 세부적인 내용은 많이 바뀌겠지요. 현재도 선생님들께서 사진, 비디오를 수업 시간에 이용하고 있지만 그보다 더 발달된 형태의 멀티미디어 방식으로 수업이 이루어질 거예요. 숙제는 현재보다 가급적 많은 전자 문서를 탐구해야만 해결할 수 있는 내용들을 내주시겠지요.

　컴퓨터 화면으로 과학 실습 장면을 본다면 실험 과정을 생생하게 알 수 있지요. 하지만 직접 실험할 때 느낄 수 있는 느낌은 전해줄

▲ 지금도 무엇인가를 늘 새롭고 기발한 것을 상상하고 그것을 실현시키기 위해 노력하는 빌 게이츠.

수가 없겠지요. 그처럼 사람과 사람이 함께 모여 일하는 법이나 사람을 대하는 방식, 사회를 살아가는 방식 등을 배우기 위해서는 또래끼리 또는 어른들과 자주 어울려야만 해요.

미래에 훌륭한 교사가 되려면 교사는 아이들에게 정보고속도로에서 정보를 효과적으로 찾는 법 이상의 것을 가르쳐야 해요. 교사는 언제 탐구하고 관찰하고 자극할지를 그때그때 잘 판단해야 하고, 여전히 인쇄된 글이나 말을 통해서도 아이들의 발달을 도와야 할 거예요.

정보 기술은 어디까지나 보조 수단으로만 활용될 뿐 좋은 교사는 학생에게 좋은 짝, 창조적인 조언자, 세상과 이어주는 다리 역할을 계속해야 될 거예요.

정보에 무제한으로 접근할 수 있다는 점이 단점이 될 수도 있을 거예요. 하지만 더 많은 장점을 잘 활용하는 것이 교사의 역할이겠지요. 학교에서 배우는 공부 외에도 교실 밖에서 일어나는 일에 학생들은 더 많이 관심을 갖지요. 학생 개개인의 관심 분야에 대한 정보를 더 쉽게 알 수 있어서 단체로 가르치던 교육에서 일 대 일 교육으로 옮겨 갈 거예요. 그리고 교육의 근본적인 목적이 학위를 취득하는 것에서 평생토록 배우는 즐거움으로 바뀔 거예요.

이제 컴퓨터는 우리에게 한시도 떨어질 수 없는 친구 같은 존재가 되었어요. 어쩌면 컴퓨터는 또 하나의 집이 되어가는 건지도 몰라요. 필요한 건 뭐든 갖고 있는 공간이니까요.

정보고속도로는 컴퓨터에 집을 짓는 것과 같아요. 그 집에 필요한 것들을 생각하느라 시간이 많이 걸리지요. 안에 소극장*을 넣고, 주문형 비디오 시스템 같은 편리한 시설들도 만들어야 해요. 그렇게 되면 정말 살기 편한 집이 되겠지요. 집에 많은 종류의 오락 시설을 설치하면 다른 사람들도 극장이나 공원, 박물관, 가게를 이용할 거예요.

새로운 통신 기술은 '가상 데이트'도 할 수 있게 해 주지요. 멀리 떨어져 사는 친구나 친척과 영화를 보고 싶다면 일단 두 도시에서 동시에 상영되고 있는 영화를 찾은 다음 컴퓨터 속에서 각각의 영화관으로 가지요. 영화를 본 다음에는 영화에 대한 감상도 서로 주고받을 수 있어요.

정보고속도로는 전화, 멀티미디어 문서, 전자우편, 뉴스에 이르기까지 들어오는 모든 정보를 미리 걸러 낼 거예요. 인정받은 사람만이 전자 사서함에 들어오거나 전화를 걸 수 있을 것이고요. 가령 어떤 사람에게는 전자우편만을 허용하고 전화를 못 걸게 할 수도 있고, 어떤 사람에게는 바쁘지 않은 시간에만 전화를 걸도록 허락하고, 또 어떤 사람에게는 시간에 상관없이 전화를 걸도록 할 수 있겠지요.

사람들은 보통 매일같이 쏟아져 들어오는 수천 개의 광고를 보고 싶어하지 않아요. 하지만 표가 매진된 연극 공연의 입장권을 구하려고 애쓸 때는 그 결과를 빨리 알고 싶어하지요. 들어오는 모든 광고, 문의, 공고, 업무에 관련된 문서, 청구서 등의 정보는 종류와 보낸 곳을 표시한 꼬리표가 붙어서 그걸 이용하면 원하는 정보만 빨리 볼 수 있지요.

만약 미술을 잘 모르는 사람인데 미술관을 찾았다면 좀 지루하겠지요. 하지만 옆에서 자세히 설명해 주면 그림을 한결 재미있게 감상할 수 있을 거예요. 멀티미디어 문서는 집에서 또는 미술관 등에서 그런 안내인 역할을 해 주지요. 어떤 작품에 대해 잘 알고 있는 학자가 설명하는 말을 화면으로 들을 수도 있지요.

같은 화가가 그린 다른 작품들이나 다른 화가의 작품들도 감상할 수 있어요. 컴퓨터에 복제*된 그림은 사람들을 그림에 흥미를 갖게 할 뿐 아니라 원작*을 더욱 소중하게 만들어서 집 밖으로 나가 박물

▲ 빌 게이츠는 스위스 다보스에서 열린 세계경제포럼 기자회견장에서 세계 건강 증진을 위해 2억 달러를 기부하겠다고 발표했어요.

*복제
본래의 것과 똑같이 만드는 것.

*원작
번역 · 개작 · 각색 등을 하기 전의 본래의 작품.

관이나 미술관으로 향하게 만들 거예요.

굳이 밖으로 나가지 않고도 정보고속도로는 집에서 오락을 즐기고 통신을 하고 일을 할 수 있게 해 줄 것이므로 집에서 보내는 시간이 많아지는 건 사실일 거예요.

하지만 인간은 사회적 동물이기 때문에 집 안팎에서 보내는 시간은 달라질지 몰라도 하루 중 일정한 시간을 집 밖에서 보내려 노력할 거예요. 걸어다니던 옛날에는 걷기 운동이 없었지만 지금은 일부러 시간을 내어 걷기 운동을 하듯 말이에요.

또한 하루 중 너무 많은 시간을 컴퓨터 앞에 앉아 있게 되면 건강에도 해로워요. 빌 게이츠는 컴퓨터를 오래 사용하면 걸리게 되는 모니터 증후군*이라는 직업병을 걱정했어요. 컴퓨터에서 나오는 전자파*는 우리 몸에 나쁜 영향을 끼치거든요.

"돈도 좋지만 건강이 최고야."

사람들이 두통*, 요통*, 근육통*을 호소하며 아프다고 아우성치면 늘 컴퓨터를 사용하는 방법을 강조했어요.

"오랜 시간 가까이 두고 사용하지 말고 틈틈이 쉬었다 하세요. 그리고 자주 공기를 환기시키세요. 전자파의 영향을 줄이려면 보안기를 달고, 적당히 휴식을 취해 주어야 해요."

결국 사람들은 여러 가지 이유로 집 밖에서 보낼 시간을 일부러 내게 될 거랍니다.

시애틀의 꼬마 빌 게이츠는 전학 간 초등학교에서 컴퓨터를 처음 만난 후, 기술과 상상력을 합해서 프로그램을 개발하고 마침내 세계에서 인정하는 부자가 되었어요. 하지만 이제는 그 돈을 살기 좋은 미래를 만드는 데 쓰려고 해요.

언제나 엉뚱한 상상을 잘 하던 그는 이처럼 정보고속도로를 놓고, 컴퓨터 안에 새로운 우주를 만들어 사람들이 손끝 하나로 모든 정보를 얻을 수 있는 미래를 상상했어요. 그리고 그것을 완성하기 위해 지금도 열심히 노력하고 있답니다.

한눈에 보는 빌 게이츠의 생애

PC용 소프트웨어 분야에서 전세계 선두업체인 마이크로소프트 사의 회장인 빌 게이츠는 '소프트웨어의 황제', '세계 최고의 갑부'로 불리는, 컴퓨터 산업을 상징하는 인물이랍니다. 꿈을 갖고 있는 전세계 사람들의 희망이자 목표로 자리 잡은 사람, 빌 게이츠의 생애를 따라가다 보면 컴퓨터의 놀라운 세계와 정보산업의 환상적인 미래까지 만날 수 있을 거예요. 컴퓨터로 끊임없는 신화를 창조한 컴퓨터의 영웅, 역시 세상은 꿈꾸는 자의 것이랍니다.

● '사람은 자신이 목숨을 걸 만한 일을 찾아 해야 한다.'

 오늘도 엄마와 약속한 사람들이 있을 거예요. "하루에 한 시간씩만 컴퓨터를 하기로 하자."고요. 우린 이미 컴퓨터를 다루는 데 익숙해 있지요. 그런데 지금처럼 컴퓨터가 각 가정에 널리 퍼진 건 불과 몇십 년밖에 안 된답니다. 그 전에는 집안에서 놀기보다 바깥놀이를 많이 했지요.

 어렸을 때 컴퓨터를 만나게 된 빌 게이츠는 게임만 하고 노는 걸로 그치지 않고, 어떻게 하면 게임에서 이길 수 있는지 알아내는 프로그램을 직접 만들었어요. 처음엔 놀이였지만 곧 컴퓨터를 자신의 인생을 투자할 분야로 만들어 버린 거예요. 빌 게이츠가 천재여서 그랬을까요?

 빌 게이츠는 늘 문제가 무엇일까 생각하고, 그 문제를 어떻게 해결할 수 있을

▲ 젊은 시절의 빌 게이츠의 모습.

▲ 1960년대 말, 기계를 만지며 즐거워하는 레이크사이드 학교 친구들.

▲ 마이크로소프트 사를 공동 설립한 빌 게이츠(왼쪽)와 폴 앨런.

▲ 빌 게이츠의 저택.

▲ 미국 워싱턴 대학 특별 강연에 나선 빌 게이츠와 그의 아버지 윌리엄 게이츠(왼쪽).

까 또 생각했어요. 그리고 앞으로 필요한 건 뭘까 생각했지요. 그래서 지금처럼 세계적인 부자가 되었어도 쉬지 않고 노력하기 때문에 늘 발전하는 거랍니다.

● 평생 목숨 걸 만한 마이크로소프트 사의 탄생

▲ 빌 게이츠의 아내, 멜린다 게이츠.

빌 게이츠는 1955년에 시애틀에서 태어났어요. 그의 아버지는 변호사이고 어머니는 사회봉사자였어요.

그는 레이크사이드 학교로 전학 간 후, 마이크로소프트 사를 함께 만든 폴 앨런을 만났고, 또한 13세의 나이에 처음으로 이곳에서 컴퓨터를 만나게 되어 프로그래밍을 시작했어요. 1973년에는 하버드 대학 법대에 입학했는데, 공부에 별 흥미를 느끼지 못했어요.

하버드 대학 재학 시절 빌 게이츠는 최초의 소형 컴퓨터용 프로그래밍 언어인 베이식(BASIC)을 개발했어요. 대학교 2학년인 1975년에 대학을 중퇴하고 폴 앨런과 함께 뉴멕시코 주 앨버커키에서 마이크로소프트 사를 만들었어요.

▲ 지금도 무엇인가를 늘 상상하고 그것을 실현시키려 노력하는 빌 게이츠.

▲ 체코의 프라하에서 열린 마이크로소프트 보안회의 중 연설하는 빌 게이츠의 모습.

▲ 스위스 다보스에서 열린 세계 경제포럼 기자회견장에서 연설하는 빌 게이츠.

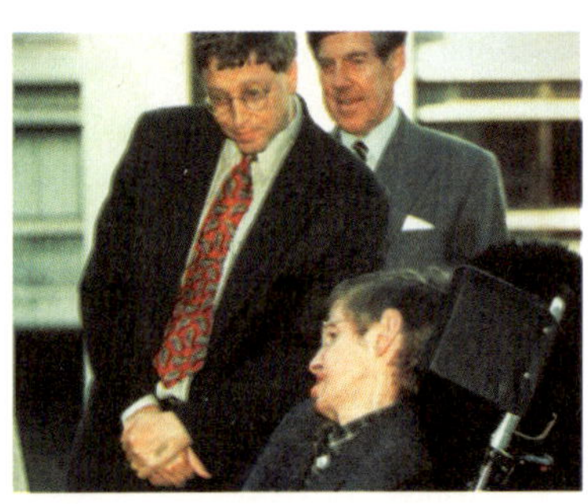

▲ 케임브리지 대학 방문 중 우주물리학자 스티븐 호킹과 자리를 함께한 빌 게이츠.

▶ 미국 〈포브스〉 선정, 2004년도 미국의 부자 1위에 오른 빌 게이츠(왼쪽), 2위에 오른 워렌 버핏(가운데, 미국의 투자가), 3위에 오른 폴 앨런(오른쪽, 마이크로소프트 사 공동 창업자).

이들은 컴퓨터가 모든 사무실과 가정에서 중요한 기틀이 될 것이라는 믿음을 가지고 개인용 컴퓨터용 소프트웨어를 개발하기 시작했지요.

● 승승장구하는 마이크로소프트 사

1980년에는 당시 세계 최대의 컴퓨터 회사인 IBM사와 계약을 했어요. IBM에서 만든 개인용 컴퓨터에 사용할 운영 체제 프로그램, MS-DOS를 개발하게 된 계약이었지요. MS-DOS는 그때까지 사용했던 운영 체제보다 사용하기 편리하고 배우기 쉽다는 점 때문에 널리 사용되었어요. 결국 이 일은 현재의 기틀이 되었지요. 여세를 몰아 1983년에는 마우스를 개발하고 최초의 응용 프로그램인 워드 1을 개발했어요.

개인용 컴퓨터의 확대 보급과 맞물려 회사는 나날이 발전했답니다. 1986년에는 상장 회사가 되어 회사를 넓은 곳으로 옮겼어요. 개발에도 박차를 가해 1990년에는 윈도 3.0을 발표했고, 1992년에는 그 공로를 인정받아 미국 부시 대통령에게서 국가 기술상을 받았어요.

마침내 1993년에는 마이크로소프트 사가 세계에서 제일가는 컴퓨터 산업 회사가 되었고, 1996년에는 86억 달러의 매출을 기록했으며 전세계 48개국에 2만여 명의 종업원이 근무하는 거대 기업이 되었지요.

세계 제1의 부자가 된 빌 게이츠는 "부자는 자기 재산을 사회에 되돌려줄 의무가 있다."라고 말했어요. 성공은 혼자 이룬 것이 아니라 사회를 통해 얻은 것이기 때문이지요. 그는 2004년 12월에 남아시아 지진해일(쓰나미) 피해자 돕기 성금에 300만 달러(약 31억 원)를 내놓는 등, 자선 사업에도 힘쓰고 있답니다.

● 갑부에서 미래의 '정보고속도로' 건설자로

1995년부터 그래픽 운영 체제로 출시한 윈도 시리즈는 계속 성공했어요. 또한 컴퓨터 운영 체제뿐만 아니라 마이크로소프트 오피스 등 종합 소프트웨어를 개발했고, 인터넷 익스플로러를 개발하여 인터넷 통신 사업에서도 성공하고 있어요. 계속된 성공은 창업자인 빌 게이츠를 40대 초반의 나이에 세계 최대 갑부 중 한 사람으로 만들어 버렸지요.

하지만 여기서 멈추지 않고 빌 게이츠는 계속 노력하고 있어요. 그는 '손가락 하나로 모든 정보를'이라는 목표 아래 이동 통신 분야에 관심을 갖고 인공위성을 이용한 글로벌 통신망을 구축하기 위해 열심히 일하고 있지요.

빌 게이츠에게는 '소프트웨어의 황제', '세계 최고의 갑부', '소프트업계의 악마', '독점 사업가' 등 찬사와 비난이 함께하는 컴퓨터 산업의 상징 인물이 되었어요. 하지만 그의 본모습은 마이크로소프트라는 회사를 세계 최고의 기업으로 키운 탁월한 경영 능력에 있어요.

빌 게이츠는 IBM과 거래하게 되면 개인용 컴퓨터(PC)의 역사를 바꿀 것이라는 사실을 정확하게 예측했어요. 결국 20세기 미국에서 가장 존경받는 기업인으로 선정됐지요. 이제 빌 게이츠는 교육, 인구 문제, 기술 발전 등에 두루 관심을 갖고 계속 연구해 가고 있답니다.

▲ 미국 마이크로소프트 사의 전경.

▲ 직원들의 의견에 귀 기울이고 있는 빌 게이츠.

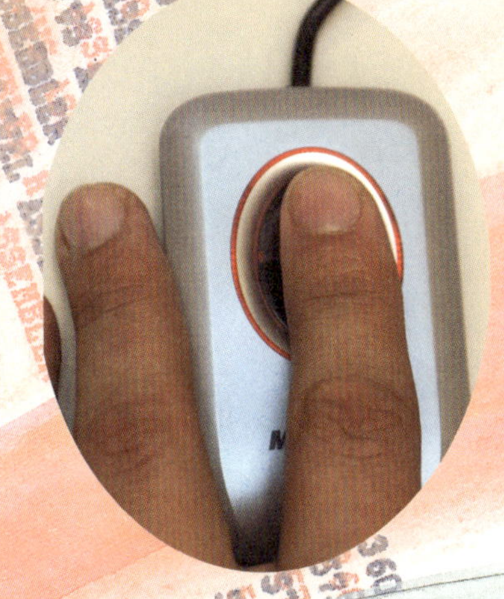

▲ 마이크로소프트 사의 새 컴퓨터 지문 판독기. 이번에 개발된 판독기는 온라인뱅킹을 위해 접속할 때 불편함을 줄이기 위해 디자인되었어요.

▲ 전문개발업자회의(PDC)에서 자사의 차세대 윈도인 롱혼을 공개하며 연설하는 빌 게이츠.

아주 먼 옛날, 동생에게 준 물고기의 수를 계산하려면 어떻게 했을까요? 열 마리까지라면 손가락으로 계산했을 테고, 스무 마리가 넘어가면 나무나 돌을 이용해서 계산했겠지요. 그런데 기원전 2600년경 중국에서는 주판을 사용했고, 기원전 500년경 이집트에서는 구슬과 철사로 만들어진 계산하는 물건을 사용했대요. 그런데 옛날에는 큰 숫자를 계산할 일이 없어도 살 수 있었지만 산업이 발전하면서 큰 숫자를 계산해야 되는 일들이 많이 생겨났어요. 계산을 잘 해야만 서로 다툼이 없으니까요. 보통의 계산 도구만으로는 계산하기가 힘들어졌어요. 그렇다면 계산하는 도구들은 과연 어떻게 변해 왔을까요?

▲1642년에 파스칼이 발명한, 톱니바퀴를 활용한 계산기.

● 기계식 계산기 시대

1642년경, 프랑스에서는 톱니바퀴를 이용해서 더하고 뺄 수 있는 파스칼의 기계식 계산기가 등장했어요. 기계식 계산기로는 세계 최초의 기기였지요. 1673년경, 독일에서는 파스칼의 계산기를 더 좋게 고쳐서 덧셈, 뺄셈, 곱셈, 나눗셈을 계산할 수 있는 라이프니츠의 계산기가 나왔어요. 이건 최초의 탁상용 계산기였어요.

▲1642년에 파스칼이 만든, 덧셈과 뺄셈을 할 수 있는 계산기.

그외 1823년경에는 영국의 바베지가 미분기를, 1889년경에는 미국의 홀러리스가 천공기를 만들었지요.

● 컴퓨터의 등장

▲1944년 하버드 대학과 IBM사가 만든 최초의 자동 계산기, 마크 1.

1944년, 미국 하버드 대학의 에이컨 교수가 최초의 전기 기계식 자동 계산기인 마크 I(MARK-I)을 개발했어요. 길이 17m에 높이가 2.4m 정도이고, 진공관이 무려 1백만 개가 사용되었으며, 제작 기간이 5년이나 걸린 복잡한 기계였어요.

▲1823년경 바베지가 만든 미분기.

▲1947년에 만들어진 컴퓨터, 유니박 1. 처음으로 진공관을 이용해서 만든 컴퓨터예요.

1946년에는 최초의 대형 전자식 디지털 컴퓨터인 에니악(ENIAC)이 만들어졌는데, 진공관을 사용한 최초의 컴퓨터로, 현대 컴퓨터의 기원으로 보고 있어요.

1944년경 헝가리 태생의 폰 노이만이 프로그램 내장 방식으로 에드박

▲1946년, 세계 최초의 컴퓨터인 에니악이 만들어졌어요.

▲1974년에 최초로 개발된 개인용 컴퓨터, 알테어 8800. 이 컴퓨터의 운영 체제를 빌 게이츠가 개발했어요.

▲1981년에 만든 IBM x86. 시스템의 시초가 되었어요.

(EDVAC)이라는 보고서를 만들었어요. 새로운 프로그램을 수행할 때 숫자 형태로 컴퓨터의 명령어를 컴퓨터의 주기억 장치에 저장시킬 것을 제안한 것이지요. 이것은 오늘날 컴퓨터의 기본 원리가 되었어요. 그외 1950년경에 모클리와 에커트가 만든 에드박, 1951년경에 미국 인구 통계국에서 최초로 상업용 컴퓨터로 개발한 유니박(UNIVAC)이 있어요.

▲1947년에 벨 연구소의 윌리엄 쇼클리, 존 바딘, 월터 브래튼이 만든 트랜지스터. 이로 인해 진공관을 대신하는 컴퓨터계의 변혁이 일어났어요.

● 컴퓨터의 발전

1954년에 자기 드럼을 사용한 IBM 650이 개발됐고, 1955년 벨 연구소에서는 최초로 완전히 트랜지스터로만 이루어진 트래딕(TRADIC) 컴퓨터를 제작했어요. 1956년에는 MIT 연구원들이 최초의 범용 컴퓨터이자 프로그램 가능 컴퓨터인 TX-0를 제작했어요.

1964년에 크레이는 6600 슈퍼컴퓨터를 발표했고, 같은 해에 IBM은 호환성을 갖고 함께 사용할 수 있는 주변기기를 갖는 시스템 360을 개발해서 발표했어요. 그리고 1966년에는 휴렛 팩커드에서 HP-2115를 개발했어요.

● 컴퓨터의 현대화

▲슈퍼컴퓨터, 크레이.

1974년에 MITS의 에디 로버츠는 세계 최초로 개인용 컴퓨터인 알테어 8800을 개발했고, 1976년에는 애플이 등장해서 한동안 시장을 장악했어요. 1981년에는 IBM사가 다른 컴퓨터와 주변 기기 등을 같이 사용할 수 있는 컴퓨터를 개발했어요. 그 외에 제록스가 GUI 방식에 마우스를 이용하는 최초의 워크스테이션 알토(Alto)를 개발했으며, 각 회사와 프로그래머들이 제품을 보완해서 앞다투어 신제품을 내놓았어요. 그럼으로써 가정에서는 성능 좋은 컴퓨터를 사용할 수 있게 되었답니다.

빌 게이츠 (1955~) 연표

	빌 게이츠의 생애	한국사 주요 사건	세계사 주요 사건
1955	10월 28일 미국 시애틀에서 태어남.		동유럽 8개국 바르샤바 조약 조인.
1967	레이크사이드 학교에 전학함.	제2차 경제개발 5개년 계획 시작.	유럽 공동체(EC) 발족.
1969	빌 게이츠와 폴 앨런 등 4명이 레이크사이드 프로그래머 그룹을 결성함.		아폴로 11호 발사, 달착륙 성공.
1971	프로그래머 그룹 최초의 사업으로 '정보과학사'의 임금 계산 프로그램을 작성함.		중화인민공화국, 국제연합 가입.
1973	하버드 대학에 입학함.	평화통일 외교정책 발표(6·23선언).	제4차 중동전쟁 발발로 유류 파동.
1974	알테어 8800 기사를 보고 폴 앨런과 베이식을 개발함.	박정희 대통령 저격사건(육영수 피격).	
1975	베이식을 완성하고 MITS사와 계약함. 하버드 대학을 중퇴함. 폴 앨런과 함께 마이크로소프트 사를 설립함.		
1980	IBM과 PC의 언어와 운영 체제에 대한 계약을 체결함.	5·18 광주민주화운동.	이란–이라크 전쟁 발발.
1981	1981년 IBM사로부터 퍼스널 컴퓨터에 사용할 운영 체제 프로그램(후에 DOS라고 명명됨)을 의뢰받아 개발함.	제5공화국 출범.	동·서독 수뇌회담(베를린). 미국, 우주왕복선 컬럼비아 호 발사.
1983	마우스를 개발함. 최초의 응용 프로그램 '워드 1'을 개발함.	KAL기 피격. 아웅산 폭발사건.	
1986	마이크로소프트 사가 상장 회사가 됨. 회사를 넓은 곳으로 옮김.	아시아 경기대회 개최.	소련 체르노빌 원자로 누출 사고.
1990	'윈도 3.0'을 발표함.	민정·민주·공화 3당 통합.	독일 통일.
1992	부시 대통령에게서 국가 기술상을 받음.	한국·중국 수교.	리우 환경 회담.
1993	마이크로소프트 사가 세계 제일의 컴퓨터 산업 회사가 됨.	김영삼 문민정부 출범. 금융실명제 실시.	우루과이 라운드 협상 타결.
1994	멜린다 프렌치와 결혼함.	김영삼 대통령 세계화 정책 추진.	남아프리카공화국 대통령에 만델라 당선.
1995	'윈도 95'를 출시함으로써 퍼스널 컴퓨터 운영 체제의 혁신을 일으킴.	삼풍 백화점 붕괴.	세계무역기구 창립총회. 일본 지하철 독가스 테러 발생.
1998	'윈도 98' 출시.	서울월드컵 경기장 기공식.	유엔 안보리, 코소보 결의안 채택.
2000	'윈도 ME' 출시, '윈도 2000' 출시.	김대중 대통령, 노벨 평화상 수상.	시리아 북동부서 6,000년 전 도시 발견.
2002	'윈도 XP' 출시.	월드컵 한·일 공동 개최.	9.11 테러.

① 빌 게이츠는 어린 시절, 컴퓨터도 열심히 했지만 원래부터 잘했던 과목이 있지요. 무엇인가요?

② 빌 게이츠의 어릴 적 성격은 어떠했나요?

③ 1944년, 제일 처음 자동으로 계산이 가능했던 계산기가 만들어졌는데, 이것의 이름은 무엇인가요?

④ 1946년에 세계 최초로 컴퓨터가 만들어졌는데, 이것의 이름은 무엇인가요?

⑤ 1974년에 최초로 개발된 개인용 컴퓨터에 빌 게이츠가 운영 체제를 만들기도 했는데, 이 개인용 컴퓨터의 이름은 무엇인가요?

⑥ 컴퓨터의 심장이라고 할 수 있는 중앙처리장치의 이름은 무엇인가요?

⑦ 빌 게이츠와 폴 앨런은 1981년 IBM사의 개인용 컴퓨터에 사용할 운영 체제 프로그램을 개발하면서 마이크로소프트 회사를 설립하는 기반을 마련했어요. 이때 개발한 운영 체제는 한동안 유명하게 사용했지요. 이 운영 체제의 이름은 무엇인가요?

⑧ 마이크로소프트 사는 컴퓨터에 운영 체제를 설치해서 판매를 하지요. 이것 때문에 빌 게이츠는 사람들로부터 원망을 듣기도 해요. 여러분의 생각은 어떤가요?

⑨ 빌 게이츠가 개발 중인 정보고속도로가 완성되면 어떤 세상이 될지 여러분의 생각을 말해 보세요.

⑩ 빌 게이츠는 세계적인 부자가 되었어요. 부자는 갖고 있는 돈을 어떻게 사용해야 될지 여러분의 생각을 말해 보세요.

〈교과서 큰 인물 이야기〉 교과 수록 및 연계표

테마	권	작품	교과 수록 및 연계
의지와 기상	01	광개토대왕	초등학교 읽기 5-1 8.함께하는 세상 166쪽, 사회과 탐구 5-1 1.하나 된 겨레 20쪽, 중학교 역사(상) Ⅱ.삼국의 성립과 발전, 대교 42쪽
	02	을지문덕	초등학교 사회과 탐구 5-1 1.하나 된 겨레 28쪽, 중학교 역사(상) Ⅲ.통일 신라와 발해, 두산동아 71쪽
	03	계백	중학교 역사(상) Ⅲ.통일 신라와 발해, 대교 78쪽
	04	김유신	초등학교 사회과 탐구 5-1 1.하나 된 겨레 30쪽, 중학교 역사(상) Ⅲ.통일 신라와 발해, 두산동아 74쪽
	05	강감찬	초등학교 듣기·말하기·쓰기 4-2 2.하나씩 배우며 34쪽, 중학교 역사(상) Ⅳ.고려의 성립과 발전, 두산동아 104쪽
	06	이순신	초등학교 사회과 탐구 5-1 3.유교 전통이 자리 잡은 조선 102쪽, 도덕 6 1. 귀중한 나, 참다운 꿈 19쪽
	07	알렉산더	중학교 역사(상) Ⅶ.통일 제국의 형성과 세계 종교의 등장, 대교 235쪽
	08	나폴레옹	초등학교 생활의 길잡이 3-2 1.소중한 나 17쪽
	09	칭기즈 칸	중학교 역사(상) Ⅸ.교류의 확대와 전통 사회의 발전, 대교 288쪽
지혜와 용기	10	장보고	초등학교 읽기 4-2 5.정보를 모아 98쪽, 사회과 탐구 5-1 1.하나 된 겨레 34쪽, 중학교 역사(상) Ⅲ.통일 신라와 발해, 대교 96쪽
	11	왕건	초등학교 사회과 탐구 5-1 2.다양한 문화를 꽃피운 고려 44쪽, 중학교 역사(상) Ⅳ.고려의 성립과·발전, 두산동아 98쪽
	12	최영	사회과 탐구 5-1 3.유교 전통이 자리 잡은 조선 76쪽, 중학교 역사(상) Ⅴ.고려 사회의 변천, 대교 167쪽
	13	정약용	초등학교 도덕 4 1.최선을 다하는 생활 17쪽, 국어 6-1 읽기 6.타당한 근거 122쪽, 중학교 도덕 1 Ⅰ.도덕적 주체로서의 나, 미래엔 52쪽
	14	세종대왕	초등학교 사회과 탐구 5-1 3.유교 전통이 자리 잡은 조선 83쪽, 읽기 6-2 5.언어의 세계 125쪽
	15	황희	초등학교 생활의 길잡이 4-2 3.따스한 손길 행복한 세상 57쪽
	16	성삼문	중학교 역사(상) Ⅵ.조선의 성립과 발전, 미래엔컬처그룹 178쪽
	17	이항복	중학교 도덕 1 Ⅱ.우리·타인과의 관계, 두산동아 97쪽
	18	신채호	초등학교 사회과 탐구 5-2 2.새로운 문물의 수용과 자주독립 67쪽, 중학교 역사(상) Ⅲ.통일 신라와 발해, 대교 80쪽
자유와 인권	19	링컨	초등학교 읽기 4-2 3.서로 다른 의견 49쪽, 도덕 5 2.감정, 내 안에 친구 41쪽
	20	간디	초등학교 도덕 6 4. 서로 배려하고 봉사하며 79쪽, 중학교 국어 1-2 4.체험과 깨달음, 디딤돌 125쪽, 도덕 2 Ⅲ.사회·국가·지구 공동체와의 관계, 두산동아 177쪽
	21	전봉준	초등학교 사회과 탐구 5-2 2.새로운 문물의 수용과 자주독립 43쪽
	22	안중근	초등학교 도덕 6 6.용기, 내 안의 위대한 힘 120쪽, 사회과 탐구 5-2 2.새로운 문물의 수용과 자주독립 37쪽
	23	마틴 루터 킹	초등학교 사회 6-2 1.우리나라의 민주 정치 41쪽, 듣기·말하기·쓰기 6-2 6.생각과 논리 122쪽, 중학교 도덕 2 Ⅲ.사회·국가·지구 공동체와의 관계, 두산동아 176쪽
	24	만델라	초등학교 생활의 길잡이 6 6.용기, 내 안의 위대한 힘 99쪽, 중학교 도덕 2 Ⅰ.일과 배움, 디딤돌 56쪽
	25	김구	초등학교 도덕 3 8.자랑스러운 대한민국 209쪽, 사회과 탐구 5-2 2.새로운 문물의 수용과 자주독립 37쪽,
	26	유관순	초등학교 도덕 3-1 5.나라를 사랑하는 마음 99쪽, 읽기 5-1 8.함께하는 세상 170쪽, 사회과 탐구 5-2 2.새로운 문물의 수용과 자주독립 37쪽
	27	안창호	초등학교 도덕 6 2.책임을 다하는 삶 45쪽, 사회과 탐구 5-2 2.새로운 문물의 수용과 자주독립 37쪽, 읽기 6-2 3.문제와 해결 78쪽
예술과 창조	28	신사임당	중학교 역사(상) Ⅵ.조선의 성립과 발전, 대교 197쪽
	29	김홍도	초등학교 읽기 4-2 2.하나씩 배우며 32쪽, 중학교 역사(상) Ⅵ.조선의 성립과 발전, 대교 199쪽
	30	이중섭	초등학교 듣기·말하기·쓰기 6-2 1.문학과 삶 14쪽
	31	레오나르도 다 빈치	중학교 역사(상) Ⅷ.다양한 문화권의 형성, 대교 279쪽
	32	모차르트	초등학교 음악 6 1.나가자! 달리자!, 금성출판사 13쪽, 중학교 음악 1 5.자연을 노래하는 우리, 금성출판사 74쪽
	33	베토벤	중학교 도덕 2 Ⅳ.문화와 도덕, 미래엔컬처그룹 265쪽, 도덕 3 Ⅳ. 삶과 종교, 두산동아 183쪽, 천재교육 198쪽
	34	슈베르트	중학교 음악 1 6.서정을 노래하는 우리, 금성출판사 88쪽
	35	안데르센	초등학교 듣기·말하기·쓰기 6-1 국어 교실 함께 가꾸기 146쪽
	36	셰익스피어	고등학교 문학(상) Ⅱ. 문학의 수용, 미래엔컬처그룹 92쪽, 문학(하) Ⅹ.한국 문학과 문화, 교학사 307쪽
	37	톨스토이	초등학교 읽기 4-2 4.이럴 때는 이렇게 74쪽, 읽기 5-2 6.깊은 생각 바른 판단 158쪽, 중학교 도덕 3 Ⅰ.삶의 목적, 중앙교육진흥연구소 42쪽
	38	스필버그	고등학교 문학(상) Ⅴ.극문학의 수용과 창작, 태성 310쪽